Peace of Mind
BIBLE
WORD SEARCH

HOPE IN JESUS

Peace of Mind
BIBLE
WORD SEARCH

HOPE IN JESUS

LINDA PETERS

Good Books®
New York, New York

Good Books books may be purchased in bulk at special discounts for sales promotion, corporate gifts, fund-raising, or educational purposes. Special editions can also be created to specifications. For details, contact the Special Sales Department, Good Books, 307 West 36th Street, 11th Floor, New York, NY 10018 or info@skyhorsepublishing.com.

Good Books is an imprint of Skyhorse Publishing, Inc.®, a Delaware corporation.

Visit our website at www.goodbooks.com.

10 9 8 7 6 5 4 3 2

Library of Congress Cataloging-in-Publication Data is available on file.

Cover design by Joanna Williams
Cover image used under license from Shutterstock.com

Paperback ISBN: 978-1-68099-785-9
Choice ISBN: 978-1-68099-802-3

Printed in China

1 Samuel 2:35

```
A M R M Y S E L F W P
C B I Y L M R I F R Q
C E F N M A D N I M T
O D S A I T L E D R K
R H E T I S S W A X M
D B O T A T T E A Y D
I E E U N B H E G Y L
N S Q F S I L F R V S
G I N T O E O I U N R
G A B Q N R L N S L M
M R D O G X E Y A H Z
```

"I will <u>raise</u> up for <u>myself</u> a <u>faithful</u> priest, who will do <u>according</u> to what is in my <u>heart</u> and <u>mind</u>. I will <u>firmly</u> establish his priestly <u>house</u>, and they will <u>minister</u> <u>before</u> my <u>anointed</u> <u>one</u> always."

RAISE
MYSELF
FAITHFUL
PRIEST
ACCORDING
HEART
MIND
FIRMLY

ESTABLISH
HOUSE
MINISTER
BEFORE
ANOINTED
ONE
ALWAYS

2 Samuel 7:12-13

```
R G B B E S K E S I A R
A Z N S U I Y D Y E R T
N N U I N I E A S B Y W
T O C G R E L T D F R K
H H D E C P A D O O L B
T O R C S B S R O V E R
M S U O L T E F L E S H
V S E I N V O M F N Z D
V K S R E E Y R A O Z B
K H D R R Y D Q S N D N
```

When your <u>days</u> are <u>over</u> and you <u>rest</u> with your <u>ancestors</u>, I will <u>raise</u> up your <u>offspring</u> to <u>succeed</u> you, your own <u>flesh</u> and <u>blood</u>, and I will <u>establish</u> his <u>kingdom</u>. He is the one who will <u>build</u> a <u>house</u> for my <u>Name</u>, and I will establish the <u>throne</u> of his kingdom <u>forever</u>.

DAYS	BLOOD
OVER	ESTABLISH
REST	KINGDOM
ANCESTORS	BUILD
RAISE	HOUSE
OFFSPRING	NAME
SUCCEED	THRONE
FLESH	FOREVER

Job 19:23-25

```
L N Z V M R E M E E D E R N
I Q D L E A D N M D J R K J
V B J E L Y E Z E R L X T N
E T P Y V T B B Y Y X T G X
S S Q E T A I R E V E R O F
Y M D I N R R S U N J M L X
L N R R C Z T G O P K W E G
K W D S O A W R N L O A J V
X M N V N W I T R E R N V T
W I K D M R Q S R T D K L R
K O R T Y R L A H D Q Q D W
O B N M G M R L D R M X L J
O G W K Z Z D J D R D D L M
B L Q K D V J G L D R B X M
```

"Oh that my <u>words</u> were <u>written</u>! Oh that they were <u>inscribed</u> in a <u>book</u>! Oh that with an <u>iron</u> <u>pen</u> and <u>lead</u> they were <u>engraved</u> in the rock for <u>ever</u>! For I <u>know</u> that my <u>Redeemer</u> <u>lives</u>, and at the <u>last</u> he will <u>stand</u> <u>upon</u> the <u>earth</u>."

WORDS	FOREVER
WRITTEN	KNOW
INSCRIBED	REDEEMER
BOOK	LIVES
IRON	LAST
PEN	STAND
LEAD	UPON
ENGRAVED	EARTH

Psalm 118:22-24

```
G D N C O R N E R S T O N E
L U F R E D N O W Z R Y V Y
S B V D E G G J E T G B N
R E N L R J J N J W L D A Y
E C X O J J E O I A G R P Y
D O L L I W I C D O W K Q W
L M A D E C T X B D O Y B
I E W Y E T H I S E G L N J
U B J P L L L J N R D V V J
B N R T K K Z R Y Z Q V Y R
```

The stone that the _builders_ _rejected_ has _now_ _become_ the _cornerstone_. _This_ is the Lord's _doing_, and it is _wonderful_ to see. This is the _day_ the _Lord_ has _made_. We _will_ _rejoice_ and be _glad_ in it.

BUILDERS	WONDERFUL
REJECTED	DAY
NOW	LORD
BECOME	MADE
CORNERSTONE	WILL
THIS	REJOICE
DOING	GLAD

Isaiah 4:2

```
B S B R A N C H G D
P L R N Z B R L A T
R R U O T D O Y A Y
L T I F V R H G V
L E B D I I T O F V
Y X A O E T V R L D
R B U R P L U R N G
O S J N S I Y A U W
L L Y M T I L D E S
G W W M K D T L W B
```

In that day the Branch of the Lord will be beautiful and glorious, and the fruit of the land will be the pride and glory of the survivors in Israel.

THAT	FRUIT
DAY	LAND
BRANCH	PRIDE
LORD	GLORY
BEAUTIFUL	SURVIVORS
GLORIOUS	ISRAEL

Isaiah 9:1

```
D E E L I L A G Y H F
I A J D P K G N U U S
L F R R T T T M T E X
A O Y K D Y B U L T R
T R N Y N L R I B I R
H E D U E E T O A L N
P V E D L N S P L A J
A E L T E U S S D G L
N R L G I E B R J A L
B V I N D M O E N G N
B T F M B J E D Z X Z
```

Nevertheless, that *time* of *darkness* and *despair* will not go on *forever*. The *land* of *Zebulun* and *Naphtali* will be *humbled*, but there will be a time in the *future* when *Galilee* of the *Gentiles*, which lies along the road that runs between the *Jordan* and the sea, will be *filled* with *glory*.

TIME	HUMBLED
DARKNESS	FUTURE
DESPAIR	GALILEE
FOREVER	GENTILES
LAND	JORDAN
ZEBULUN	FILLED
NAPHTALI	GLORY

Isaiah 9:2

```
D G T J D G M N Q B W G
A Q Y E M Z N Z K X L D
R L E V L I V I N G E N
K P J Q S T L P K N M D
N B R E A I E E W L T W
E X E E G O L A S Z A X
S N R H P A D L K O J W
S G T L N R B K L Q H J
M G E D Y Y N L P T V T
```

*The <u>people</u> <u>walking</u> in <u>darkness</u>
have <u>seen</u> a <u>great</u> <u>light</u>;
on <u>those</u> <u>living</u> in the <u>land</u> of
    <u>deep</u> darkness
a light has <u>dawned</u>.*

PEOPLE	THOSE
WALKING	LIVING
DARKNESS	LAND
SEEN	DEEP
GREAT	DAWNED
LIGHT	

Isaiah 9:6

```
N S K D Y N J G R L V Y W X V R
M Z O X B J L M L T Y Y Q P N K
B R R N T N E M N R E V O G K J
T K Q O C R V N R M L K L J C N
E V E R L A S T I N G N N H E Y
W P W V E E L H W K Q R I V T N
O T R Y Z H S L O G Q L I H Z P
N M M I T Y T N E U D G G Q E V
D P D P N B B A U D L I L A B V
E T S E R C Z G F O M D C J R J
R Z J M Z R E O B D C E E T T R
F D B J L Z Y D B P D P R R R M
U Q T L B Z N R O B D V M N S R
L X Y Z K P Q Y V R X V R D K W
```

For a <u>child</u> is <u>born</u> to us,
a <u>son</u> is <u>given</u> to us.
The <u>government</u> will <u>rest</u> on
   his <u>shoulders</u>.
And he will be <u>called</u>:
<u>Wonderful</u> <u>Counselor</u>, <u>Mighty</u> <u>God</u>,
<u>Everlasting</u> <u>Father</u>, <u>Prince</u> of <u>Peace</u>.

CHILD	WONDERFUL
BORN	COUNSELOR
SON	MIGHTY
GIVEN	GOD
GOVERNMENT	EVERLASTING
REST	FATHER
SHOULDERS	PRINCE
CALLED	PEACE

Isaiah 11:10

```
S Q M R M M B D P W N R Z
U D P T M K L E Q X D S Q
O L T G V X O R B X N T W
I P G M N P B Y R O L Z P
R S T R L I R R I D E D N
O M I E Q V L T O R K N T
L B S G B Z A L I O Y B S
G W M Z N N N U E L T T M
J E S S E A Q Y L W A M R
T M D B M N L A A N D D B
H N K D I Y H L D D V N Q
A K Q T K S M T K N W N Z
T V W V J N J R M K W Y T
```

On <u>that</u> <u>day</u> the <u>root</u> of <u>Jesse</u> <u>shall</u> <u>stand</u> as a <u>signal</u> to the <u>peoples</u>; the <u>nations</u> shall <u>inquire</u> of him, and his <u>dwelling</u> shall be <u>glorious</u>.

THAT	SIGNAL
DAY	PEOPLES
ROOT	NATIONS
JESSE	INQUIRE
SHALL	DWELLING
STAND	GLORIOUS

Isaiah 25:7-8a

```
X L B Y N Q C J L P M R M
Q O S R B B J A R T M L V
D R W T E A R S S D T M Z
A D A N J S Y Y C T Q D V
E L L T I A N O L P M X D
R N L N W A V O E P L B G
P R O A F E T O I D N L T
S P W A R L P N H T A E D
Z G C I I L E O U K A B G
D E N E E P J M V O V N T
S G V S I Y Y N L E M L J
Z Y Y W D B L R N M R L D
```

And he will <u>swallow</u> up on this <u>mountain</u> the <u>covering</u> that is <u>cast</u> <u>over</u> all peoples, the <u>veil</u> that is <u>spread</u> over all <u>nations</u>. He will swallow up <u>death</u> forever; and the <u>Lord</u> God will <u>wipe</u> <u>away</u> <u>tears</u> from all <u>faces</u>.

SWALLOW	NATIONS
MOUNTAIN	DEATH
COVERING	LORD
CAST	WIPE
OVER	AWAY
PEOPLES	TEARS
VEIL	FACES
SPREAD	

Isaiah 35:2b-3

```
S N O N A B E L T B P B T
Y P H A N D S R D Q S W V
L R L B D N W R R T J L Y
D E O E N C O U R A G E G
D T M L N L L E N D T M M
S I G R G D N G E V L L J
H R S X A G O S G R E E N
A E K P T C E R S E E N K
R D A H L R K W K B B B R
O J E M T A E R K R L V B
N N W S B N Y J L L V D T
```

The <u>deserts</u> will become as <u>green</u> as
   the mountains of <u>Lebanon</u>,
as lovely as Mount <u>Carmel</u> or the plain
   of <u>Sharon</u>.
There the <u>Lord</u> will <u>display</u> his <u>glory</u>,
the <u>splendor</u> of our God.
With this <u>news</u>, <u>strengthen</u> those who
   have <u>tired</u> <u>hands</u>,
and <u>encourage</u> those who have
   <u>weak</u> <u>knees</u>.

DESERTS	SPLENDOR
GREEN	NEWS
LEBANON	STRENGTHEN
CARMEL	TIRED
SHARON	HANDS
LORD	ENCOURAGE
DISPLAY	WEAK
GLORY	KNEES

Isaiah 42:1, 3b–4

```
D E G A R U O C S I D F
T U B Z G S H G R L A Y
H P R Q K O N Y M I P T
G H I T P I Z O T L T Y
I O N E H F N H I N T T
L L G C A J F E A T X Z
E D A L T U U V S N A J
D E T L L I R S K O P N
T E A N P E R R T Z H D
R M E R S W M I B I B C
M S W V T Y W N P R C R
S D P D B H J Y T S K E
```

"Here is my _servant_, whom I _uphold_,
my _chosen_ one in whom I _delight_;
I will put my _Spirit_ on him,
and he will _bring_ _justice_ to the _nations_.
In _faithfulness_ he will bring forth justice;
he will not _falter_ or be _discouraged_
till he establishes justice on _earth_.
In his _teaching_ the islands will put
   their _hope_."

SERVANT	NATIONS
UPHOLD	FAITHFULNESS
CHOSEN	FALTER
DELIGHT	DISCOURAGED
SPIRIT	EARTH
BRING	TEACHING
JUSTICE	HOPE

Isaiah 51:5

```
N G M K P T R P N T Y X M
A N E O R Z O O N W A I T
T O R O Y W I A B C N N R
I R C L E T T J O S O O N
O T Y R A S U M P G D W B
N S F V I S I G H L N N G
S U L D T N N O A L D P K
L A A I G I P N T B N D R
S X C R R E D W G X T M Q
M E M B M S R D D Z L L Q
```

"My _mercy_ and _justice_ are _coming_ _soon_.
My _salvation_ is on the way.
My _strong_ arm will _bring_ justice to
    the _nations_.
All _distant_ _lands_ will _look_ to me
and _wait_ in _hope_ for my _powerful_ arm."

MERCY   NATIONS
JUSTICE   DISTANT
COMING   LANDS
SOON   LOOK
SALVATION   WAIT
STRONG   HOPE
ARM   POWERFUL
BRING

Isaiah 52:10

```
S Y R S S Z H Z N Q J Q
H T R E R E N O L G P Q
A N B Y Z A E P L W W M
L Y O E T G N W B Y R B
L K E I E D A M D P E L
L S O A T N N B N R D V
A N D M R A M M A Q D B
S L D N D T V B Y R Z Z
Q Z L R E K H L O A D V
D R D Q R T W L A O R D
B L N L R D Z D G S R M
```

The Lord hath made bare his holy arm
in the eyes of all the nations;
and all the ends of the earth shall see
the salvation of our God.

LORD	NATIONS
MADE	ENDS
BARE	EARTH
HOLY	SHALL
ARM	SEE
EYES	SALVATION
ALL	GOD

Isaiah 60:16b, 17b

```
R N R P I P E A C E P T M
I J T E M S P D Q W V J R
G Q J Z M B R D D P T U Q
H V J E V E B A R K L T D
T Z V M K N E Z E E N B M
E V M Q R A L D R L B D G
O G K X O J M B E M Y L W
U W J M I G H T Y R E M G
S D L T V W O N K A E J N
N Q R J A T M Z D T V N P
E M N O S V Q E S Q T Y O
S Y L V L J R A Q B M M L
S Y V Y R B L D Y Y J Y L
```

You will <u>know</u> at <u>last</u> that I,
the <u>Lord</u>,
am your <u>Savior</u> and your <u>Redeemer</u>,
the <u>Mighty</u> <u>One</u> of Israel.
I will <u>make</u> peace your <u>leader</u>
and <u>righteousness</u> your <u>ruler</u>.

KNOW	ISRAEL
LAST	MAKE
LORD	PEACE
SAVIOR	LEADER
REDEEMER	RIGHTEOUSNESS
MIGHTY	RULER
ONE	

Isaiah 60:19

```
G S Y O U R Y J Y G Z
N H G M R T L D N G B
I I Y M M L H U L R G
T N M Z I B S G I R B
S E G W T Y G G I J M
A D L E A B H O J L L
L M O D R T M L D L Y
R Y R G N O O O D D L
E N Y E T R M L O M Z
V W S Q D N B Z T N Y
E S B Z Z J P K Q B Q
```

The <u>sun</u> <u>will</u> no <u>more</u> be your light
  by <u>day</u>,
nor will the <u>brightness</u> of the <u>moon</u> <u>shine</u>
  on you,
for the <u>Lord</u> will be <u>your</u> <u>everlasting</u> <u>light</u>,
and your <u>God</u> will be your <u>glory</u>.

SUN	LORD
WILL	YOUR
MORE	EVERLASTING
DAY	LIGHT
BRIGHTNESS	GOD
MOON	GLORY
SHINE	

Jeremiah 23:6

```
S S E N S U O E T H G I R
I C A L L E D D N M D M V
M S Z Z V Y E R N A K B R
W V R I V S L O Y M L W
V L L A A B A N W L Y E J
H M Z S E J F T N Q Q B P
C Q T B M L E H W Y Z Y P
I D K M B D T Y A I L L L
H B X X S D Y G T D L W T
W Y M Y M J P L J D U L N
L T A N R N P W N V T J T
X D G X W J L Z D Z R T M
```

In his <u>days</u> <u>Judah</u> <u>will</u> be <u>saved</u> and <u>Israel</u> will <u>live</u> in <u>safety</u>. And this is the <u>name</u> by <u>which</u> he will be <u>called</u>: "The <u>Lord</u> is our <u>righteousness</u>."

DAYS	SAFETY
JUDAH	NAME
WILL	WHICH
SAVED	CALLED
ISRAEL	LORD
LIVE	RIGHTEOUSNESS

Jeremiah 29:11-13

```
E S O H T K D G I V E G Y T
Y M Q X R O T D G Z Y W J K
W O N K O E R F W L H W N N
R R D G P O T Z I O D L R K
M G X T L D Q S L N O V B J
Y B P R V N Z E A O D E J V
M D D H E S H N K S R X M P
M B O T L E Y Q R U I W M P
Y P S P A V P A T D L D L K
E I G R R W L U D J R A V G
L N T L N A F K B T N R J Q
N E T L L R Y W L S K J B Y
D J Y K P P R T D J G Y P W
```

"For I *know* the *plans* I have for you," says the *Lord.* "They are plans for *good* and not for *disaster,* to *give* you a *future* and a *hope.* In *those* *days* when you *pray,* I will *listen.* If you *look* for me *wholehearted*ly, you will *find* me."

KNOW	THOSE
PLANS	DAYS
LORD	PRAY
GOOD	LISTEN
DISASTER	LOOK
GIVE	WHOLEHEARTED
FUTURE	FIND
HOPE	

Jeremiah 31:31

```
C R T Q S D L L I W
Y O Q J R A E K A M
L G V O U A Y H M M
E N L E R D O S N Y
R I W S N U A D N Y
U M I H S A A H T D
S O Q E E Y N E W D
V C N W S N W T B Y
```

The <u>days</u> are <u>surely</u> <u>coming</u>, <u>says</u> the <u>Lord</u>, <u>when</u> I <u>will</u> <u>make</u> a <u>new</u> <u>covenant</u> with the <u>house</u> of <u>Israel</u> and the house of <u>Judah</u>.

DAYS	MAKE
SURELY	NEW
COMING	COVENANT
SAYS	HOUSE
LORD	ISRAEL
WHEN	JUDAH
WILL	

Micah 5:4-5a

```
H E N D S H K D M Y
T M B I T G R E A T
G L A R A E S I R A
N P A J H M F Q W L
E E E P E L E D J D
R M E A O S R R Y B
T H A C C O T E N O
S J K N L E Z Y J V
```

And He will _arise_ and _shepherd_ His _flock_
In the _strength_ of the _Lord,_
In the _majesty_ of the _name_ of the Lord
  His God.
And they will _remain,_
Because at that time He will be _great_
To the _ends_ of the _earth._
This _One_ will be our _peace._

ARISE	REMAIN
SHEPHERD	GREAT
FLOCK	ENDS
STRENGTH	EARTH
LORD	ONE
MAJESTY	PEACE
NAME	

Haggai 2:6-7

```
N S E R T F K Z Z J J
S N P M I Q T J J J B
N O E L O W H I L E L
E I L R E C N S R O A
V T B E U N T Z R E Z
A A L K D S D D S M P
E N I A O H A O P L E
H D T H L R O E R A M
M R T S J A Y U R G N
Z Y L W X T N T S T G
Y L E R W R H D Z E K
```

For thus says the <u>Lord</u> of <u>hosts</u>: Once again, in a <u>little</u> <u>while</u>, I will <u>shake</u> the <u>heavens</u> and the <u>earth</u> and the <u>sea</u> and the <u>dry</u> <u>land</u>; and I will shake all the nations, so that the <u>treasure</u> of all <u>nations</u> shall <u>come</u>, and I will <u>fill</u> this <u>house</u> with <u>splendor</u>, says the Lord of hosts.

LORD
HOSTS
LITTLE
WHILE
SHAKE
HEAVENS
EARTH
SEA

DRY
LAND
TREASURE
NATIONS
COME
FILL
HOUSE
SPLENDOR

Malachi 3:1

```
R G P V T B M B G R Z L
E L T T R R K D D Q R L
G B Z Q N E M O C J G G
N Y M V V A M X A Q N X
E S U D D E N L Y I N T
S P Y N R M M E K T E D
S R R O D I R E V M R E
E N F E G S E T P O R Y
M E W H P S E L L I C L
B A T B Q A E N S B Z B
Y Y J K Y P R E D K Y K
N N J M M W D E Z R R T
```

"I will <u>send</u> my messenger, who will <u>prepare</u> the <u>way</u> <u>before</u> me. Then <u>suddenly</u> the <u>Lord</u> you are <u>seeking</u> will <u>come</u> to his <u>temple</u>; the <u>messenger</u> of the <u>covenant</u>, whom you <u>desire</u>, will come," says the Lord <u>Almighty</u>.

SEND
PREPARE
WAY
BEFORE
SUDDENLY
LORD
SEEKING

COME
TEMPLE
MESSENGER
COVENANT
DESIRE
ALMIGHTY

Malachi 4:2

```
S S E N S U O E T H G I R
W F R E E T R G N N D R D
I K L B U U N A I D M X W
N R Y O T I C L E B V J B
G B J S P A A E L F D B P
S V A A L E S I N T Z M Z
Y P E V H I K L U Y T D X
M L E N R E L N S X M M Q
T S T M L I B X D R G N Y
N A M E W X D M W Y V R M
Q Y O J T L Q T B Q P D Q
```

"But for you who <u>fear</u> my <u>name</u>, the <u>Sun</u> of <u>Righteousness</u> will <u>rise</u> with <u>healing</u> in his <u>wings</u>. And you <u>will</u> go <u>free</u>, <u>leaping</u> with <u>joy</u> <u>like</u> <u>calves</u> let <u>out</u> to <u>pasture</u>."

FEAR	FREE
NAME	LEAPING
SUN	JOY
RIGHTEOUSNESS	LIKE
RISE	CALVES
HEALING	OUT
WINGS	PASTURE
WILL	

Matthew 3:16-17

```
G S S P L E A S E D Z Z X N
B N N P T Y J D A E V O D J
A E I B I E L L E W T B R B
P V J D S R I S B L Y Z D N
T A E U N G I E O P E N E D
I E S C H E L T R N M K D R
Z H Y T I O C E Z C R M M Y
E T I D V O T S A M Q N M R
D N O E Z A V M E X Q T L M
G G D B W N E N R D K T W L
```

And when Jesus had been baptized, just as he came up from the water, suddenly the heavens were opened to him and he saw the Spirit of God descending like a dove and alighting on him. And a voice from heaven said, "This is my Son, the Beloved, with whom I am well pleased."

JESUS	DESCENDING
BAPTIZED	DOVE
CAME	ALIGHTING
WATER	VOICE
HEAVENS	SON
OPENED	BELOVED
SPIRIT	WELL
GOD	PLEASED

Matthew 11:28-30

```
B P S R E K A T T Z
J U E L L E A S Y W
L S R E U E C O M E
T I Q D L O A Z Y H
Y L G A E T S R E R
D L B H N N N A N H
E O W E T Y V E E L
R V D O O Y Q A G J
Q A I K L M R Y J N
L P E G Y T Q Y B L
```

"Come to me, all who labor and are heavy laden, and I will give you rest. Take my yoke upon you, and learn from me, for I am gentle and lowly in heart, and you will find rest for your souls. For my yoke is easy, and my burden is light."

COME	LEARN
LABOR	GENTLE
HEAVY	LOWLY
LADEN	HEART
GIVE	SOULS
REST	EASY
TAKE	BURDEN
YOKE	LIGHT

Matthew 12:17-18

```
P F U L F I L L X J R
R R R T P C P E H M D
O Y O Q H H H G V N L
P J M C A G U O M O N
H L U I L O I T S N L
E S A S R A N L A E T
T S P H T A I T E I N
I R T O V I I M R D R
R R K R K O C I Y B W
B R E M N E P E R N M
W S W S L S N P N D L
```

This was to <u>fulfill</u> what was <u>spoken</u>
<u>through</u> the <u>prophet</u> Isaiah:
"Here is my <u>servant</u> whom I have <u>chosen</u>,
the one I <u>love</u>, in whom I <u>delight</u>;
I will put my <u>Spirit</u> on him,
and he will <u>proclaim</u> justice to the <u>nations</u>."

FULFILL   LOVE
SPOKEN   DELIGHT
THROUGH   SPIRIT
PROPHET   PROCLAIM
ISAIAH   JUSTICE
SERVANT   NATIONS
CHOSEN

Matthew 12:20-21

```
B X Y V Q U E N C H K B B L
L P P I T D Z N T A B N S Z
L B B C X W R L E K B E B T
N Y Z T R B D R B Y L R V D
S V Q O N D B D T I U Y D M
M M N R Q D W M T I R V E T
T Y O Y T I N N S Y B C D Z
J Y B L C N E E G L I T N U
S E N K D G D Y L T R M Y D
G B M M B E R Q S D Q E D D
N Q B A G D R U Z J B R E H
I Q T Y N T J I N Z P G O D
R M L J N T V L N Y L P J Q
B J P J L V Q M B G E N T R
```

*"He will not <u>break</u> a <u>bruised</u> <u>reed</u>
or <u>quench</u> a <u>smoldering</u> <u>wick</u>
<u>until</u> he <u>brings</u> <u>justice</u> to <u>victory</u>.
And in his <u>name</u> the <u>Gentiles</u> will <u>hope</u>."*

BREAK	BRINGS
BRUISED	JUSTICE
REED	VICTORY
QUENCH	NAME
SMOLDERING	GENTILES
WICK	HOPE
UNTIL	

Matthew 24:30-31

```
D Q G Q Q P T R I B E S M K
L N N R N X L Z R Y J O Y Z
Y K I T P S G B R T U T G K
Y N M R Q R D O R R E W O P
G R O Y E N L U N T C E L E
Z A C A P G M R O B L R J B
K B T S S P M T K L R Y M N
N M I H E L M X M J C K E A
B G R T E T E N Y K B V P Z
N R R G R R V G X B A P S X
Q T J Y T Y R Q N E E O Y N
X K M T Z P N Z H A N Z L Z
N B D Z G J X D R Z X M G R
```

Then the <u>sign</u> of the <u>Son</u> of Man will <u>appear</u> in <u>heaven</u>, and then all the <u>tribes</u> of the earth will <u>mourn</u>, and they will see "the Son of Man <u>coming</u> on the <u>clouds</u> of heaven" with <u>power</u> and <u>great</u> <u>glory</u>. And he will send out his <u>angels</u> with a loud <u>trumpet</u> call, and they will <u>gather</u> his <u>elect</u> from the four winds, from one end of heaven to the other.

SIGN	POWER
SON	GREAT
APPEAR	GLORY
HEAVEN	ANGELS
TRIBES	TRUMPET
MOURN	GATHER
COMING	ELECT
CLOUDS	

Mark 4:30-32

```
P G X X L S X T S Y R M R
L A T K H T S E L M G J L
A R K A B E H Y D L P J N
N D D I L C D R A T S U M
T E J L N G S R P G N G V
E N A A R G G U R X S V K
D M R O N E D O S D M M Q
S B U S S E W O R E G T V
G N N T E S S I M N J N M
D O B Y D E B T O R R M X
Y P D R X G D L S T X R J
```

Jesus said, "How can I describe the *Kingdom* of *God*? What story should I use to illustrate it? It is like a *mustard seed planted* in the *ground*. It is the *smallest* of all seeds, but it becomes the *largest* of all *garden* plants; it *grows long branches*, and *birds* can make *nests* in its *shade*."

JESUS	LARGEST
KINGDOM	GARDEN
GOD	GROWS
MUSTARD	LONG
SEED	BRANCHES
PLANTED	BIRDS
GROUND	NESTS
SMALLEST	SHADE

Luke 1:32-33

```
F Z R G G D G K B D R O L
D O O O A Q I E V I G T R
E D R V T N E N O R H T Y
L T I E G S I S N N M J Z
L D A D V S E G O Y Y N D
A T O E R E I C Y N L N T
C M S A R E R R N H D N T
V P E O R G E Z G A W G B
Q L J X M V K I B N M V J
J P L N P D H V Y K K M R
```

"He will be very great and will be called the Son of the Most High. The Lord God will give him the throne of his ancestor David. And he will reign over Israel forever; his Kingdom will never end!"

VERY	GIVE
GREAT	THRONE
CALLED	ANCESTOR
SON	DAVID
MOST	REIGN
HIGH	ISRAEL
LORD	FOREVER
GOD	KINGDOM

Luke 1:67-69

```
B L E S S E D H O R N
F D H T N A V R E S L
V I B A L D P D A D W
D D L J I E E L R D J
E E D L O R V S M O V
T L M P E A A N I I L
I I L E T D E H S A Y
S E R I E S I R C L R
I Z O I U D A V O E V
V N Z O P E E H A D Z
Z W H N L S N R L D Y
```

And his father <u>Zechariah</u> was <u>filled</u> with
   the <u>Holy</u> <u>Spirit</u> and prophesied, saying,
"<u>Blessed</u> be the <u>Lord</u> God of <u>Israel</u>,
for he has <u>visited</u> and <u>redeemed</u>
   his <u>people</u>
and has <u>raised</u> up a <u>horn</u> of <u>salvation</u>
   for us
in the <u>house</u> of his <u>servant</u> <u>David</u>."

ZECHARIAH   REDEEMED

FILLED   PEOPLE

HOLY   RAISED

SPIRIT   HORN

BLESSED   SALVATION

LORD   HOUSE

ISRAEL   SERVANT

VISITED   DAVID

Luke 12:36

```
G V D K D C S M T T I
N J J Y O K N G F M N
I L D M C X P E M L W
D T E O M E A E P A L
D S N P O S D E I O M
E K N P T I W T K A V
W V L R A V I H S I M
X E O T U N B T E N L
X O E D G T E R Y N J
D L B Y X X R E M R J D
Y K R Y X X P R K Y L
```

You are also to be <u>like</u> <u>people</u> who are <u>waiting</u> for their <u>master</u> when he <u>returns</u> from the <u>wedding</u> <u>feast</u>, so that they may <u>immediately</u> <u>open</u> the <u>door</u> for him <u>when</u> he <u>comes</u> and <u>knocks</u>.

LIKE	IMMEDIATELY
PEOPLE	OPEN
WAITING	DOOR
MASTER	WHEN
RETURNS	COMES
WEDDING	KNOCKS
FEAST	

John 1:1-5

```
G S E N I H S H S X R
N S E K B L G S N M Q
I G A M B U E L I F E
N N L J O N H G L D V
N I L R K C N T N J L
I H H R L I R I I M N
G T A W H I K E A W B
E D D T O N G D V N B
B T O Z A R E H M O M
J N G M G R D X T Q T
```

In the <u>beginning</u> was the <u>Word</u>, and the Word was <u>with</u> <u>God</u>, and the Word was God. He was with God in the beginning. <u>Through</u> him <u>all</u> <u>things</u> were <u>made</u>; without him <u>nothing</u> was made that has been made. In him was <u>life</u>, and that life was the <u>light</u> of all <u>mankind</u>. The light <u>shines</u> in the <u>darkness</u>, and the darkness has not <u>overcome</u> it.

BEGINNING
WORD
WITH
GOD
THROUGH
ALL
THINGS
MADE

NOTHING
LIFE
LIGHT
MANKIND
SHINES
DARKNESS
OVERCOME

John 1:12-13

```
L N B B E C O M E
D L E B L O O D B
E E A R R N E Z Z
V Q V E D V R F K
A G W I E L L O L
G O N I E E I L B
P D L A S C I H M
Y E M H M W E A C
B R K R M E N R Z
```

But to <u>all</u> who <u>received</u> him, who <u>believed</u> in his <u>name</u>, he <u>gave</u> power to <u>become</u> <u>children</u> of <u>God</u>, who were <u>born</u>, not of <u>blood</u> or of the <u>will</u> of the <u>flesh</u> or of the will of <u>man</u>, but of God.

ALL	CHILDREN
RECEIVED	GOD
BELIEVED	BORN
NAME	BLOOD
GAVE	WILL
POWER	FLESH
BECOME	MAN

John 1:14

```
Y L N O H Y N L M
L M M T Q E N Z B
Q Q U B E F U L L
D R H S E L F F K
T E M G G C A Q E
W T V N L T A C J
J O O I H O A M N
L M R E L R R O E
A L R D G Q S Y Q
```

And the <u>Word</u> <u>became</u> <u>flesh</u> and <u>lived</u> <u>among</u> us, and we have <u>seen</u> his <u>glory</u>, the glory as of a <u>father's</u> <u>only</u> <u>son</u>, <u>full</u> of <u>grace</u> and <u>truth</u>.

WORD	FATHER
BECAME	ONLY
FLESH	SON
LIVED	FULL
AMONG	GRACE
SEEN	TRUTH
GLORY	

John 3:16-17

```
S W H G U O R H T E
D E H P V S G S F L
L L V O E J E I O J
A O G E E R L N N N
N V N B I V I M D Y
R E T D Y L E S D T
E D G L L D E R H S
T D N A N R R B A K
E O D O V L O V X D
K G C R L E E W T Q
```

For God so loved the world that he gave his one and only Son, that whoever believes in him shall not perish but have eternal life. For God did not send his Son into the world to condemn the world, but to save the world through him.

GOD	PERISH
LOVED	ETERNAL
WORLD	LIFE
GAVE	SEND
ONLY	CONDEMN
SON	SAVE
WHOEVER	THROUGH
BELIEVES	

John 3:35-36a

```
S E V E R Y T H I N G
F D M Z W W L T O S Y
L A N R E T E O E H I
I N T A G D M V V N W
F Y G H H B E R T E T
E O G Z E I Y O Y U S
D N M G L R R P P D B
J E P E W D Z N O S M
W X B N Y M N Q T R D
```

The Father loves his Son and has put everything into his hands. And anyone who believes in God's Son has eternal life.

FATHER   ANYONE
LOVES   WHO
SON   BELIEVES
PUT   GOD
EVERYTHING   ETERNAL
INTO   LIFE
HANDS

John 4:13-14

```
T S M M Y A B S J Z S M V V
D L P J D G T M O U L B N K
W X X R M A T T S O E Y J T
Q E T B I I V E Y V N D T T
B T Q H U N J V I M L Q Q B
A E J F I B G G R N V N V W
N R C Y R R B R L I F E V X
Y N R O E E S L H D R I N K
O A W V M X S T I W A T E R
N L E R Z E I H Y N Y B Q J
E N P Q B W S K N N G T R L
```

Jesus replied, "Anyone who drinks this water will soon become thirsty again. But those who drink the water I give will never be thirsty again. It becomes a fresh, bubbling spring within them, giving them eternal life."

JESUS	AGAIN
ANYONE	BECOMES
SOON	FRESH
DRINK	BUBBLING
WATER	SPRING
GIVE	WITHIN
NEVER	ETERNAL
THIRSTY	LIFE

John 4:36

```
H A Y R Y R E J L J M Q X
A M W O L F Z A G D J Z B
R B J A I R N P E O P L E
V P R L I R P Y Z H G G J
E L T O E T S A T B N X Q
S A A T U E S O I Q Y R J
T N E L G G B Y Z D Y M P
E T R A I O H F R U I T N
R E W D R K O T R G T N K
S R R R R L E D M Z N M L
```

"The <u>harvesters</u> are <u>paid</u> <u>good</u> <u>wages</u>, and the <u>fruit</u> they harvest is <u>people</u> <u>brought</u> to <u>eternal</u> <u>life</u>. What <u>joy</u> <u>awaits</u> <u>both</u> the <u>planter</u> and the harvester <u>alike</u>!"

HARVESTERS	ETERNAL
PAID	LIFE
GOOD	JOY
WAGES	AWAITS
FRUIT	BOTH
PEOPLE	PLANTER
BROUGHT	ALIKE

John 5:24

```
H N N Y D A E R L A S J J Y
T E D E X R J T M T H N D Q
U T G Q T R N L E T V E I K
R E L A D S Z E A R N K B S
T L I M S P I E V M N E V Z
Y L F G Q S D L E E L A N Y
M M E D D D E D D I R B L L
D P M X E L N M E M P Z Z K
M Q Y S W O B V V V T D T N
R Y S T C L E L X K R Z X M
D A Q T N T B J D J R J J G
P O J K D E L R D T D T T Y
X K G L W J S J Q Y L M X Y
```

"I <u>tell</u> you the <u>truth</u>, those who <u>listen</u> to my <u>message</u> and <u>believe</u> in <u>God</u> who <u>sent</u> me have <u>eternal</u> <u>life</u>. They will <u>never</u> be <u>condemned</u> for their <u>sins</u>, but they have <u>already</u> <u>passed</u> from <u>death</u> into life."

TELL	LIFE
TRUTH	NEVER
LISTEN	CONDEMNED
MESSAGE	SINS
BELIEVE	ALREADY
GOD	PASSED
SENT	DEATH
ETERNAL	

John 5:25

```
C O M I N G J E W Y
Z N T V Z D M L Y N
M E H Z O I Z D Q R
D T O G T I E V I L
A S S U R E C E M K
E I E N D S R E N J
D L O N L E O R T Y
Y W I B H K T N W R
```

"And I <u>assure</u> you that the <u>time</u> is <u>coming</u>, <u>indeed</u> it's <u>here</u> <u>now</u>, when the <u>dead</u> will hear my <u>voice</u>—the voice of the <u>Son</u> of <u>God</u>. And <u>those</u> who <u>listen</u> will <u>live</u>."

ASSURE	VOICE
TIME	SON
COMING	GOD
INDEED	THOSE
HERE	LISTEN
NOW	LIVE
DEAD	

John 6:27

```
S P K Q W E Y P Z Y R
E E Q R F I E N A M L
R F T I O R L F B P K
U A L E I W O L M M R
D T N S R O Y G R R T
N H H O D N I S E A L
E E K P S V A D O G W
S R J Y E T B L L V R
```

"Do not work for the food that perishes, but for the food that endures for eternal life, which the Son of Man will give you. For it is on him that God the Father has set his seal."

WORK	MAN
FOOD	WILL
PERISHES	GIVE
ENDURES	GOD
ETERNAL	FATHER
LIFE	SEAL
SON	

John 6:35

```
Y T S R I H T J B S Q Q
R E V E O H W E E S L Y
R H T R B T L M U E R T
S T U L P I O S F R Z P
G A L N E C E I L Q B L
Z I I V G J L D A E R B
W B E D W R L L N J T X
J S X Y B X Y N E V E R
```

Jesus said to them, "I am the bread of life. Whoever comes to me will never be hungry, and whoever believes in me will never be thirsty."

JESUS	WILL
SAID	NEVER
BREAD	HUNGRY
LIFE	BELIEVES
WHOEVER	THIRSTY
COMES	

John 6:39-40

```
N E V I G N Y V L M N Q
O S E N T L Y E L B K E
T R T L O D T W I M F J
H V E S T E Z J W I Y R
I Q E V R S R J L Y E P
N D P N E A A D M H Q Y
G Y A D I I R L T D R J
S L D S N V L A Y K G D
J O E K D Q F E Y Y B K
L J N Z J Y G T B D B B
```

"And this is the <u>will</u> of him who <u>sent</u> me, that I should <u>lose</u> <u>nothing</u> of all that he has <u>given</u> me, but <u>raise</u> it up on the <u>last</u> <u>day</u>. This is indeed the will of my <u>Father</u>, that all who see the <u>Son</u> and <u>believe</u> in him may have <u>eternal</u> <u>life</u>; and I will raise them up on the last day."

WILL	DAY
SENT	FATHER
LOSE	SON
NOTHING	BELIEVE
GIVEN	ETERNAL
RAISE	LIFE
LAST	

John 6:47-50

```
S H T U R T E D W A
N S L M E N A F N T
S W E A A E D C I L
L E T N R N E I E L
A S V B R S N N E H
N N V E T E O A E D
R J E O I Y D A P T
E T R V N L V L E G
T S V A E E E L I Z
E T Q Z N R L B L W
```

"I <u>tell</u> you the <u>truth</u>, <u>anyone</u> who <u>believes</u> has <u>eternal</u> <u>life</u>. Yes, I am the <u>bread</u> of life! Your <u>ancestors</u> ate <u>manna</u> in the <u>wilderness</u>, but they all <u>died</u>. Anyone who <u>eats</u> the bread from <u>heaven</u>, however, will <u>never</u> die."

TELL	ANCESTORS
TRUTH	MANNA
ANYONE	WILDERNESS
BELIEVES	DIED
ETERNAL	EATS
LIFE	HEAVEN
BREAD	NEVER

John 6:51

```
R N B M G L L L I F E
Z E E I B L L I T Y F
L D V V J I D L V L X
I E A E A W Z O E E P
V W Y E R E M S W R R
I R N L R O H C E N K
N Q R L Z B F N A S D
G D L R O W O M I M S
D J L L B Y L H B T E
B L Y K N K T R A J Q
B L K A G R Q E B J L
```

"I am the <u>living</u> <u>bread</u> that <u>came</u> <u>down</u> from <u>heaven</u>. If <u>anyone</u> <u>eats</u> of <u>this</u> bread, he <u>will</u> <u>live</u> <u>forever</u>. And the bread that I will <u>give</u> for the <u>life</u> of the <u>world</u> is my <u>flesh</u>."

LIVING
BREAD
CAME
DOWN
HEAVEN
ANYONE
EATS
THIS

WILL
LIVE
FOREVER
GIVE
LIFE
WORLD
FLESH

John 8:12

```
S H N P E M E S B T M
S R A R M L D E E B J
E F O V P A C F S M N
N M O O E A I U X J Y
K S E L U L S L T Z M
R P E S L E T H G I L
A O E C J O D L R O W
D K Z Q N K W A L K W
Y E D T G O M Y Y M N
```

Jesus spoke to the people once more and said, "I am the light of the world. If you follow me, you won't have to walk in darkness, because you will have the light that leads to life."

JESUS	FOLLOW
SPOKE	WALK
PEOPLE	DARKNESS
ONCE	BECAUSE
MORE	HAVE
LIGHT	LEADS
WORLD	LIFE

John 10:8-9

```
L H G U O R H T B N D J L
P I Y E B Q H Y E D N I F
A R S R N I Y T W R Q M B
S R E T E T A L N Q B R N
T R O V E G E E P E E H S
U S E B E N R R M V Q L G
R S A C B O E A S T Y R Y
E Q O V F E H D L W L L R
Z M L E E N R W X L V T R
E X B M G D P S R R D L D
```

All who have *come* *before* me are *thieves* and *robbers*, but the *sheep* have not *listened* to them. I am the *gate*; *whoever* *enters* *through* me will be *saved*. They will come in and go out, and *find* *pasture*.

ALL	GATE
COME	WHOEVER
BEFORE	ENTERS
THIEVES	THROUGH
ROBBERS	SAVED
SHEEP	FIND
LISTENED	PASTURE

John 10:27-29

```
R E H T A F V O I C E
G R E A T E R E X D L
H F L N V K T X S N V
S H O I E E N N Y Q J
I E G L R V A O S L L
R A F N L T E H W G L
E R A I C O E R N D Y
P L L H L E W H A N D
M B P M P Y K M G Y P
```

My <u>sheep</u> <u>hear</u> my <u>voice</u>. I <u>know</u> them, and they <u>follow</u> me. I <u>give</u> them <u>eternal</u> <u>life</u>, and they will <u>never</u> perish. No one will <u>snatch</u> them out of my <u>hand</u>. What my <u>Father</u> has given me is <u>greater</u> than all else, and no one can snatch it out of the Father's hand.

SHEEP	LIFE
HEAR	NEVER
VOICE	PERISH
KNOW	SNATCH
FOLLOW	HAND
GIVE	FATHER
ETERNAL	GREATER

John 11:25-26

```
N O I T C E R R U S E R
Z T Z P R G L L R T T Z
E N O Y R E V E H H S T
V E J D P L J O O A M N
E V I E I N U S I K W P
I E M F S G E D L I R Z
L R E J H U E V L B R D
E Y D P D V S L E W Y Q
B M M Z I Z Z P T T L J
Y W N L R N W Z D Q M Y
```

Jesus *said* to her, "I am the *resurrection* and the *life*. *Those* who *believe* in me, *even* *though* they *die*, *will* *live*, and *everyone* who lives and believes in me will *never* die. Do you believe this?"

JESUS	THOUGH
SAID	DIE
RESURRECTION	WILL
LIFE	LIVE
THOSE	EVERYONE
BELIEVE	NEVER
EVEN	

John 14:1-3

```
E A L W A Y S E Z T
E V R E Z C C J D G
R S E J M A O E J H
A T A R L O L M G N
P R D P Y B H U E F
E A Y G U T O D A N
R E Z O R N H T O R
P H R U E K H I O G
P T S G J E V O N N
D T R W R M M K M G
```

Don't let your <u>hearts</u> be <u>troubled</u>. <u>Trust</u> in <u>God</u>, and trust also in me. There is more than <u>enough</u> <u>room</u> in my <u>Father's</u> <u>home</u>. If this were not so, would I have told you that I am going to <u>prepare</u> a <u>place</u> for you? When <u>everything</u> is <u>ready</u>, I will <u>come</u> and get you, so that you will <u>always</u> be with me where I am.

HEARTS
TROUBLED
TRUST
GOD
ENOUGH
ROOM
FATHER

HOME
PREPARE
PLACE
EVERYTHING
READY
COME
ALWAYS

John 14:6-7

```
L I F E Y Z D N V Q
D E R E W S N A N H
F H G U O R H T T D
E A R K S J K U V L
S X T E Y E R N L M
U W C H A T M E O S
S A X E E L W O E W
E Y D N P R L E C Y
J K N K Y T N Y L Z
```

Jesus answered, "I am the way and the truth and the life. No one comes to the Father except through me. If you really know me, you will know my Father as well. From now on, you do know him and have seen him."

JESUS	EXCEPT
ANSWERED	THROUGH
WAY	REALLY
TRUTH	KNOW
LIFE	WELL
COMES	SEEN
FATHER	

John 14:12-14

```
B T Y F W O R K S
E R E T A E R G L
L U J N M T N B D
I T B A O I H G V
E H N R H Y N E Y
V N L T I I N R R
E A Y L O N O A S
S N S G E L G O B
A D W K G T N V N
```

I __tell__ you the __truth__, __anyone__ who __believes__ in me will do the same __works__ I have done, and even __greater__ works, because I am __going__ to be with the __Father__. You can __ask__ for __anything__ in my __name__, and I will do it, so that the __Son__ can __bring__ __glory__ to the Father. Yes, ask me for anything in my name, and I will do it!

TELL
TRUTH
ANYONE
BELIEVES
WORKS
GREATER
GOING

FATHER
ASK
ANYTHING
NAME
SON
BRING
GLORY

John 14:26-27

```
T R O U B L E D T K
Q F T R L V L E R D
E A N L I E A E L H
T T Y G A C M R E Y
I H A V H I O A L A
R E E C N W R O F J
I R C D O T H R Z E
P W N A S V A B M L
S E J M E I D A M N
S V W J D P N A G J
```

But the <u>Advocate</u>, the <u>Holy</u> <u>Spirit</u>, whom the <u>Father</u> will <u>send</u> in my <u>name</u>, will <u>teach</u> you all things and will <u>remind</u> you of everything I have said to you. <u>Peace</u> I <u>leave</u> with you; my peace I <u>give</u> you. I do not give to you as the <u>world</u> gives. Do not let your <u>hearts</u> be <u>troubled</u> and do not be <u>afraid</u>.

ADVOCATE
HOLY
SPIRIT
FATHER
SEND
NAME
TEACH
REMIND

PEACE
LEAVE
GIVE
WORLD
HEARTS
TROUBLED
AFRAID

John 15:1-3

```
R E C U D O R P R G D M M B
A E N B M J P A Y E R T R T
P L N I J E E Q I L Z R T N
R N R E V B S F B R A N C H
U E J E D E I S V D N Y D M
N L H L A R P T A T Q P M T
E Y E T U D A A Y G T L R N
S E R P A M Y G R I E D K G
T U O E I F R B U G K P Y M
U R M N V Y Q R W Z T L Z L
C T E T M E F N V D Y K Z T
```

"I am the <u>true</u> <u>grapevine</u>, and my <u>Father</u> is the <u>gardener</u>. He <u>cuts</u> off <u>every</u> <u>branch</u> of <u>mine</u> that doesn't <u>produce</u> <u>fruit</u>, and he <u>prunes</u> the branches that do <u>bear</u> fruit so they will produce even <u>more</u>. You have <u>already</u> been pruned and <u>purified</u> by the <u>message</u> I have given you."

TRUE	PRODUCE
GRAPEVINE	FRUIT
FATHER	PRUNES
GARDENER	BEAR
CUTS	MORE
EVERY	ALREADY
BRANCH	PURIFIED
MINE	MESSAGE

John 16:33

```
T A K E T T T O
P Q W O S R V T
E E L O O E T N
V D A U R H H T
A U B C I L R T
H L O N E A D M
E M G Y E R A W
E S D H D Y P D
```

"I have <u>told</u> you <u>these</u> <u>things</u>, so that in me <u>you</u> <u>may</u> <u>have</u> peace. In this <u>world</u> you will have <u>trouble</u>. But <u>take</u> <u>heart</u>! I have <u>overcome</u> the world."

TOLD	PEACE
THESE	WORLD
THINGS	TROUBLE
YOU	TAKE
MAY	HEART
HAVE	OVERCOME

John 17:2b-3

```
G W K E V T O N L Y
L I A N S L L Y G M
Z C V I O A A H R Y
H S R E N W T L D T
T H U R S R I E Q L
C N E S A F U D O G
Z T E E R L Q L V
E M N S T J V Q D R
```

He <u>gives</u> <u>eternal</u> <u>life</u> to <u>each</u> one you have given him. And this is the <u>way</u> to have eternal life—to <u>know</u> you, the <u>only</u> <u>true</u> <u>God</u>, and <u>Jesus</u> <u>Christ</u>, the one you <u>sent</u> to <u>earth</u>.

GIVES
ETERNAL
LIFE
EACH
WAY
KNOW
ONLY

TRUE
GOD
JESUS
CHRIST
SENT
EARTH

Acts 3:25-26

```
B G T T J Q M V O V D Z N Z D B
L N T Q D Q J F X L N L B T W M
E I M P R E F X D T D Y B T K K
S N D Q P S K W Y E J Z M W Q X
S R G W P B P C S Y N D P W D W
E U Y R T X C I I Y L R L R Y B
D T I D N V A O G W T M M V B N
N N T R A R E O V S K B B F B J
G J K N V D A E E Z M A T S Z
M A H A R B A L R B N T S T B Y
X Z K Y E B P G B T H A E E Y J
H V J X S O B N M E H H H N Q
W E G Q E J Z J R R P W X T J T
J Z I P M B S L O B A D X X R
W Z M R L R M V R K V Y Z K B K
R X J V S P T P W J W S G N N J
```

"And you are _heirs_ of the _prophets_ and of the _covenant_ _God_ made with your _fathers_. He said to _Abraham_, 'Through your _offspring_ all _peoples_ on _earth_ will be _blessed_.' When God _raised_ up his _servant_, he _sent_ him first to you to bless you by _turning_ each of you from your _wicked_ _ways_."

HEIRS	EARTH
PROPHETS	BLESSED
COVENANT	RAISED
GOD	SERVANT
FATHERS	SENT
ABRAHAM	TURNING
OFFSPRING	WICKED
PEOPLES	WAYS

Acts 4:12

```
N X N Y B N Z D O V G M T
S A L V A T I O N T D M E
U Y T K R E K V D Y H M L
R N R Z Z Q L M V R A E A
B M D B M X L S D N V M R
Q O N E V I G W E E O D M
R R N H R G H D J N V U N
N T B K E I N L G Q S A W
B A V M C A L Y N T G P S
Q L B H L Z V R M Q X N P
N S Q L K K Q E Y V G Q Z
Y R W B J N X B N M G L D
```

"There is <u>salvation</u> in no one <u>else</u>, for there is no <u>other</u> <u>name</u> <u>under</u> <u>heaven</u> <u>given</u> <u>among</u> mortals by <u>which</u> we <u>must</u> be <u>saved</u>."

SALVATION	GIVEN
ELSE	AMONG
OTHER	MORTALS
NAME	WHICH
UNDER	MUST
HEAVEN	SAVED

Acts 5:31-32

```
W F O R G I V E N E S S B
O I T E M Z C D C J T M M
S N T Q X N L N T Z J D R
I P E N I A A S A V I O R
S H I R E T L R I G H T D
R A P R N S T T M L Z N K
A N S E I N S Y E Y Y N T
E D P I A T L E E D W L Z
L E X R N O J B S G O D L
R P G Z H S O R K V B M J
```

"He is the <u>one</u> whom <u>God</u> <u>exalted</u> to His <u>right</u> <u>hand</u> as a <u>Prince</u> and a <u>Savior</u>, to <u>grant</u> <u>repentance</u> to <u>Israel</u>, and <u>forgiveness</u> of <u>sins</u>. And we are <u>witnesses</u> of these things; and so is the <u>Holy</u> <u>Spirit</u>, whom God has given to those who <u>obey</u> Him."

ONE
GOD
EXALTED
RIGHT
HAND
PRINCE
SAVIOR
GRANT

REPENTANCE
ISRAEL
FORGIVENESS
SINS
WITNESSES
HOLY
SPIRIT
OBEY

Acts 13:22-24

```
D E S C E N D A N T S
T I A J E S S E X E T
E S V B Y H S K C D Y
S R I D R I E N I P G
T A O B M O A A D N J
I E R O A T U E R G G
F L R D N P S G N T S
I P G E A I T I H U J
E R P O A V M I S T M
D E R R D O I E S W L
R Q Y P C Y J D N M D
```

"After He had removed him, He <u>raised</u> up <u>David</u> to be their <u>king</u>, concerning whom He also <u>testified</u> and said, 'I have found David, the son of <u>Jesse</u>, a man after My <u>heart</u>, who will do all My will.' From the <u>descendants</u> of this man, according to <u>promise</u>, <u>God</u> has <u>brought</u> to <u>Israel</u> a <u>Savior</u>, <u>Jesus</u>, after John had proclaimed, before His <u>coming</u>, a <u>baptism</u> of <u>repentance</u> to all the people of Israel."

RAISED
DAVID
KING
TESTIFIED
JESSE
HEART
DESCENDANTS
PROMISE

GOD
BROUGHT
ISRAEL
SAVIOR
JESUS
COMING
BAPTISM
REPENTANCE

Acts 17:31

```
S V V J P R O O F R R W
M E W T U G J T Q J R N
A A T I Q D I F R O M N
N P J X L M G V X R Y J
Y P D U E L T E E V R J
G O D W S V G D G N B T
Z I Y Z H T E N A T D Y
W N Y M G E I R B Y D W
O T Q T T S N C Y A Z T
R E D Z I D W M E O Y L
L D N A L L R D J R N B
D N R Q L D N T N N X E
```

"For he has <u>set</u> a <u>day</u> <u>when</u> he <u>will</u> <u>judge</u> the <u>world</u> with <u>justice</u> by the <u>man</u> he has <u>appointed</u>. He has <u>given</u> <u>proof</u> of this to <u>everyone</u> by <u>raising</u> him <u>from</u> the <u>dead</u>."

SET	APPOINTED
DAY	GIVEN
WHEN	PROOF
WILL	EVERYONE
JUDGE	RAISING
WORLD	FROM
JUSTICE	DEAD
MAN	

Romans 3:23-24

```
T H G I R S S X Y M B M
D Y D J R N H V D O G F
M L R R I M M O G L A B
E M D S A G G L R L N J
P V E T J D O R L T Y M
E T E N S R N M A L P B
N H R R I I D A E C L J
A G F O Y J R E T D E G
L I U V E O R H N S L T
T S B S L F N Q C N T G
Y B U P Y P V E V K I B
D S T N T Z V Y Y B G S
```

For _everyone_ has _sinned_; we all _fall short_ of God's _glorious_ _standard_. Yet _God_, in his _grace_, _freely_ makes us _right_ in his _sight_. He did this through _Christ_ _Jesus_ when he _freed_ us from the _penalty_ for our _sins_.

EVERYONE	FREELY
SINNED	RIGHT
FALL	SIGHT
SHORT	CHRIST
GLORIOUS	JESUS
STANDARD	FREED
GOD	PENALTY
GRACE	SINS

Romans 5:2

```
C U J C H R I S T N K W
B O N O P L A C E M K L
P B N D Y D R A W R O F
D R B F E F Y R O L G M
N O I D I S U B Y N B Z
A U O V Q D E L I M Q J
T G F Z I C E R L O O K
S H M A A L A N V Y W L
Z T R U I H E Y T E T T
B D S N S T N G L L D M
L E R Q V B H Y E N Y W
```

Because of our faith, Christ has brought us into this place of undeserved privilege where we now stand, and we confidently and joyfully look forward to sharing God's glory.

BECAUSE

FAITH

CHRIST

BROUGHT

PLACE

UNDESERVED

PRIVILEGE

STAND

CONFIDENTLY

JOYFULLY

LOOK

FORWARD

SHARING

GOD

GLORY

Romans 5:3-5a

```
S T R E N G T H J E P B W
T N E D I F N O C L R T D
S J R W W X Z N E E N U R
A M T E T O A H J Q D N Z
L V E B T R N O J E K Y Z
V N T L U C I K V N S T W
A W D D B C A E X L Y D Q
T H N B E O L R A T Z K T
I E O M G O R I A J J B D
O P Z P P M R P Y H L G R
N W Z J E T Y D Z X C T D
```

We can rejoice, too, when we run into problems and trials, for we know that they help us develop endurance. And endurance develops strength of character, and character strengthens our confident hope of salvation. And this hope will not lead to disappointment.

REJOICE
RUN
PROBLEMS
TRIALS
KNOW
HELP
DEVELOP

ENDURANCE
STRENGTH
CHARACTER
CONFIDENT
HOPE
SALVATION

Romans 5:6-8

```
G O O D D E E W E R L L
T H M B M V I M R Y V J
S T E A O L I N D Q B X
I R C L L T H G I R P U
R T E I P G N I D N E S
H H N N Y L R E T T U V
C G O D N Y E G R E A T
D I Q D E I D S M T Z T
T R D V L Q S J S W W L
```

When we were <u>utterly</u> <u>helpless</u>, <u>Christ</u>
<u>came</u> *at just the* <u>right</u> <u>time</u> *and* <u>died</u>
for us <u>sinners</u>. *Now, most people would
not be* <u>willing</u> *to die for an* <u>upright</u>
*person, though someone might perhaps
be willing to die for a person who is
especially* <u>good</u>. *But* <u>God</u> *showed his*
<u>great</u> <u>love</u> *for us by* <u>sending</u> *Christ to die
for us while we were still sinners.*

UTTERLY	WILLING
HELPLESS	UPRIGHT
CHRIST	GOOD
CAME	GOD
RIGHT	GREAT
TIME	LOVE
DIED	SENDING
SINNERS	

Romans 5:21

```
D Y L M K Q G N W M L V M
L Z D P L O Y O I L J J B
S T A N D I N G A S R Y T
P Y H O D D L N D T J M Y
R E V G E E R Q S E F I L
J E O R U E L I K H X Q B
R E F P T O R U T J J M D
X U S E L H R A R I G H T
L Z L U C E E B E C A R G
D R O L S D L P J B Z L Z
```

So just as <u>sin</u> <u>ruled</u> <u>over</u> all <u>people</u> and <u>brought</u> them to <u>death</u>, now <u>God's</u> <u>wonderful</u> <u>grace</u> rules instead, giving us <u>right</u> <u>standing</u> with God and resulting in <u>eternal</u> <u>life</u> through <u>Jesus</u> <u>Christ</u> our <u>Lord</u>.

SIN	GRACE
RULED	RIGHT
OVER	STANDING
PEOPLE	ETERNAL
BROUGHT	LIFE
DEATH	JESUS
GOD	CHRIST
WONDERFUL	LORD

Romans 6:22-23

```
N O I T A C I F I T C N A S
E T L S M Q J X W W Y G E G
M T I V J B L M A Y K E Q Q
S N E G V R N G W B R R N L
Z E D R L N E C Q F J G Q R
M D V N N S M L H Q J R T Q
T Z L A Y A N J B R T N H G
I R M T L W L I F E I T K L
U G I F T S S B W P A S D J
R D L Y Z D S U S E J M T Y
F R Q N A N X N D D V X Y G
Z O W E Z R L N N Y O K M B
Z L L Y D L J Z J K R G Z T
```

But now that you have been set <u>free</u> from <u>sin</u> and have become <u>slaves</u> of <u>God</u>, the <u>fruit</u> you get <u>leads</u> to <u>sanctification</u> and its end, <u>eternal</u> <u>life</u>. For the <u>wages</u> of sin is <u>death</u>, but the free <u>gift</u> of God is eternal life in <u>Christ</u> <u>Jesus</u> our <u>Lord</u>.

FREE
SIN
SLAVES
GOD
FRUIT
LEADS
SANCTIFICATION
ETERNAL

LIFE
WAGES
DEATH
GIFT
CHRIST
JESUS
LORD

Romans 8:18-19

```
E D E L A E V E R S D
C X L R J W G R U O C
R R P G E L A F G O K
E N T E O D F I M L P
A P E R C E I P T R Y
T W Y R R T A S E S W
I E O I D R A S N I P
O A N R I L E T L O L
N G Y N T N I L I T C
S E G T T H X H K O J
R R L M K R L J C W N
```

I consider that our present sufferings are not worth comparing with the glory that will be revealed in us. For the creation waits in eager expectation for the children of God to be revealed.

CONSIDER
PRESENT
SUFFERINGS
WORTH
COMPARING
GLORY
WILL

REVEALED
CREATION
WAITS
EAGER
EXPECTATION
CHILDREN
GOD

Romans 8:23-25

```
F A T I B O D I E S D B L
I M D D N D T G T E M R P
R E Z O Y W T R V Q D P N
S A C Y P M A A M T W O G
T G R Y D T S R I B I J T
F E E G B N I R D T Q B E
R R A Q N L I O P Q T C D
U D T V D P W M N I N N N
I H I G S M E N A E X N J
T D O N R D P W I S D J T
S B N P E O R T D Y E L T
T W M R E K A K R J M E L
Q Q M Z L P Z N N T B X N
```

And not only the _creation_, but we ourselves, who have the _firstfruits_ of the _Spirit_, _groan_ _inwardly_ as we _wait_ _eagerly_ for _adoption_ as sons, the _redemption_ of our _bodies_. For in this _hope_ we were _saved_. Now hope that is _seen_ is not hope. For who hopes for what he sees? But if we hope for what we do not see, we wait for it with _patience_.

CREATION

FIRSTFRUITS

SPIRIT

GROAN

INWARD

WAIT

EAGER

ADOPTION

REDEMPTION

BODIES

HOPE

SAVED

SEEN

PATIENCE

Romans 8:38-39

```
S E P A R A T E K E R M T
Y S N O M E D G O D V W D
K C F E P S Y P B Z Y O N
Z M O U I R L D O P B O L
K Y Y N T T Q E T W I Y D
E F I L V U H T G T E E J
T D M W P I R E A N A R C
R H J P R Y N E R T A H S
L P G E E N R C H D R B H
O L B I S C D T E I J T W
R T K K E U Q N S D P T T
D Z M L N H S T P E Q L R
B Z X B T B Y R D Y M V Q
```

For I am <u>convinced</u> that <u>neither</u> <u>death</u> nor <u>life</u>, neither <u>angels</u> nor <u>demons</u>, neither the <u>present</u> nor the <u>future</u>, nor any <u>powers</u>, neither <u>height</u> nor <u>depth</u>, nor anything else in all <u>creation</u>, will be able to <u>separate</u> us from the <u>love</u> of <u>God</u> that is in <u>Christ</u> <u>Jesus</u> our <u>Lord</u>.

CONVINCED
NEITHER
DEATH
LIFE
ANGELS
DEMONS
PRESENT
FUTURE
POWERS

HEIGHT
DEPTH
CREATION
SEPARATE
LOVE
GOD
CHRIST
JESUS
LORD

Romans 15:13

```
T N E D I F N O C C T J G
W S Y C V F E P O W E R J
O P Y V R P I M P E A C E
L I M D O U P L N L J H D
F R P H G L O M L N O M M
R I N T E T P S Y L Z T Y
E T X T S Y W R Y O Q P N
V Y E U J J Z G A W J J J
O L R G O D K R D Y Q J M
Y T L D B G B L Q N M L V
```

I pray that God, the source of hope, will fill you completely with joy and peace because you trust in him. Then you will overflow with confident hope through the power of the Holy Spirit.

PRAY	PEACE
GOD	TRUST
SOURCE	OVERFLOW
HOPE	CONFIDENT
FILL	POWER
COMPLETELY	HOLY
JOY	SPIRIT

1 Corinthians 1:22-24

```
S C S C A L L E D Z J S
S R G T R E W O P E I J
E U T E U T Q M W G M L
N C G N N M G S N D B C
H I M R T T B S T N H D
S F O Z E J I L H R L Z
I I D B D E H L I T B X
L E S L B C K S E N O R
O D I G A L T S G S G B
O L W E O M O B M D M D
F V R Q M D B C B T D L
T P T M Y Z X L K G D N
```

For indeed _Jews_ ask for _signs_ and _Greeks_ search for _wisdom;_ but we _preach_ Christ _crucified_, to Jews a _stumbling_ block, and to _Gentiles_ _foolishness_, but to those who are the _called_, _both_ Jews and Greeks, Christ the _power_ of _God_ and the wisdom of God.

JEWS
SIGNS
GREEKS
WISDOM
PREACH
CHRIST
CRUCIFIED
STUMBLING

BLOCK
GENTILES
FOOLISHNESS
CALLED
BOTH
POWER
GOD

1 Corinthians 1:30-31

```
S A N C T I F I C A T I O N
S S E N S U O E T H G I R Q
N W N O E Y D G O D Q Q D M
E L G I B C T R S U S E J D
T Y L T C E R R O T Q Y G L
T N T P M H C U S L Y J T N
I D T M R Q R A O Y P X T Z
R Z D E D W O I M S Q L W R
W V D D L B L R S E D I L X
M R P E D X J D G T S I L P
O R N R R L M J J J D F R K K
M P N M B N Q L O E W T B T
N N Q T N W L M D M M W Y G
```

He is the *source* of your *life* in *Christ* *Jesus*, who *became* for us *wisdom* from *God*, and *righteousness* and *sanctification* and *redemption*, in *order* that, as it is *written*, "Let the one who *boasts*, boast in the *Lord*."

SOURCE	RIGHTEOUSNESS
LIFE	SANCTIFICATION
CHRIST	REDEMPTION
JESUS	ORDER
BECAME	WRITTEN
WISDOM	BOASTS
GOD	LORD

1 Corinthians 4:5

```
C O M E S J D S W A I T Q J
Q G N X Y L S D N W X M M V
W M M D T E Q Y R P Y P B J
L G Q Q N N Y X E O W R D L
R Y E K L W E R W K L P T Q
D R R K T W S M R G R Y M N
K A O Y P O N T G A N J V J
D B F G N A T S I D N I N M
G D E K R B S S T G U E R L
W X B L N J E S T R D J H B
E M I T D L Y H I D A U Z D
N J G B R Y G N I N M E T M
M T J G T I R H Y A G T H R
Y Z R X L L D J N Y P J W W
```

Therefore do not go on _passing_
judgment _before_ the _time_, but _wait_ until
the _Lord_ _comes_, who will both _bring_ to
light the things _hidden_ in the _darkness_
and disclose the motives of _human_
hearts; and then _praise_ will come to
each _person_ from God.

PASSING
JUDGMENT
BEFORE
TIME
WAIT
LORD
COMES
BRING

LIGHT
HIDDEN
DARKNESS
HUMAN
HEARTS
PRAISE
PERSON

1 Corinthians 15:20-21

```
N H S E M O C A D A M E
S O G D E A T H R D I R
T M I U M X T W N D M D
I A D T O T S I R H C N
U D D E C R A S L E E P
R E X Q E E H Y N T P P
F F N X V D R T M D N
T P A I J A N R D A E D
S M L L I R N I U W L P
R A N S L Q N P R S X J
I T E K M E Y B N W E L
F D X L D P N Y G Z N R
```

But Christ has indeed been raised from the dead, the firstfruits of those who have fallen asleep. For since death came through a man, the resurrection of the dead comes also through a man. For as in Adam all die, so in Christ all will be made alive.

CHRIST	RESURRECTION
INDEED	COMES
RAISED	THROUGH
DEAD	ADAM
FIRSTFRUITS	DIE
FALLEN	MADE
ASLEEP	ALIVE
DEATH	

1 Corinthians 15:47-49

```
H E A V E N L Y B L
D N P E D A M Y J S
U A Q E T J A Y E J
S M T S O D L C N X
T E R T E P O I W Y
W I A M S N L E K M
F H O R D I M E M E
W S I N T A R A T M
Z N Y L C H K H D J
Z V W K E Z Z K C A
```

Adam, the _first_ man, was _made_ from the _dust_ of the _earth_, _while_ _Christ_, the _second_ man, _came_ from heaven. Earthly _people_ are like the earthly man, and heavenly people are like the heavenly man. Just as we are now _like_ the earthly man, we will _someday_ be like the _heavenly_ _man_.

ADAM	SECOND
FIRST	CAME
MADE	PEOPLE
DUST	LIKE
EARTH	SOMEDAY
WHILE	HEAVENLY
CHRIST	MAN

1 Corinthians 15:51-53

```
I D D T R U M P E T K R
B M E E L L B O G T G N
M Q P A G Q Y N M J T S
Y R D E D N I X T E O R
D D M Y R L A Y B U N G
G L J O K I R H N T D T
P M O N R E S D C E Z K
N E I H T T D H S E Y R
T W E S E R A I A D Y Z
T S Y L X B A L O B G E
L M A P S R W B D Y L R
D P W L T R M J Q K Q E
```

Behold! I tell you a mystery. We shall not all sleep, but we shall all be changed, in a moment, in the twinkling of an eye, at the last trumpet. For the trumpet will sound, and the dead will be raised imperishable, and we shall be changed. For this perishable body must put on the imperishable, and this mortal body must put on immortality.

BEHOLD
MYSTERY
SLEEP
CHANGED
MOMENT
TWINKLING
EYE
LAST

TRUMPET
SOUND
DEAD
RAISED
IMPERISHABLE
BODY
MORTAL

1 Corinthians 15:58

```
R O B A L W L F R L Y Y L T
R M J D L B O L U O R K W S
W L R G I V E R U L L R I D
Z O A D D Q J R K M L S N T
L Z E J M M S N O S T Y N Q
N M D P Q E O V R E T O J B
L I N N L W E E R N T X Z L
V D A V A Z H S S H R N G F
D N E V L T V Z I Y Y P I T
K S B M O M S N R T A R L J
T N L R G B G D B N M W T G
M Q B Q V M L N P D J G L Z
J J V L K V B X D D Z N D A
```

Therefore, my <u>dear</u> <u>brothers</u> and <u>sisters</u>, <u>stand</u> <u>firm</u>. Let <u>nothing</u> <u>move</u> you. <u>Always</u> <u>give</u> <u>yourselves</u> <u>fully</u> to the <u>work</u> of the <u>Lord</u>, because you <u>know</u> that your <u>labor</u> in the Lord is not in <u>vain</u>.

DEAR	GIVE
BROTHERS	YOURSELVES
SISTERS	FULLY
STAND	WORK
FIRM	LORD
NOTHING	KNOW
MOVE	LABOR
ALWAYS	VAIN

2 Corinthians 1:9-10

```
D R L H Z H F M O B M
E M E L T E C U D O G
L C Q C L A R U N L R
I R N T E S E J S J D
V A Q E E I P D N K R
E I R L T E V I T J G
R S V E R N A E P O H
L E V I L G E P D W J
S S L N A Y N S R Y T
```

Indeed, we <u>felt</u> that we had <u>received</u> the <u>sentence</u> of <u>death</u>. But that was to make us <u>rely</u> not on <u>ourselves</u> but on <u>God</u> who <u>raises</u> the dead. He delivered us from <u>such</u> a deadly <u>peril</u>, and he will <u>deliver</u> us. On him we have set our <u>hope</u> that he will deliver us <u>again</u>.

FELT	RAISES
RECEIVED	SUCH
SENTENCE	PERIL
DEATH	DELIVER
RELY	HOPE
OURSELVES	AGAIN
GOD	

2 Corinthians 1:21-22

```
G N I E E T N A R A U G
A O H E A R T S T Z W R
N M W Q T F L I V S B M
O A K N I I S A T Z Q Q
I K C R E O R A E T Q V
N E M H P R N I A S M J
T S H E R D S H P E D R
E N D T G I W H M S Y Z
D T O D O R S O I R X D
M R R W D B C T Z P Y K
```

Now it is God who makes both us and you stand firm in Christ. He anointed us, set his seal of ownership on us, and put his Spirit in our hearts as a deposit, guaranteeing what is to come.

NOW	SEAL
GOD	OWNERSHIP
MAKES	SPIRIT
BOTH	HEARTS
STAND	DEPOSIT
FIRM	GUARANTEEING
CHRIST	WHAT
ANOINTED	COME

2 Corinthians 3:12-13

```
I S R A E L I T E S
M B Y F D V E I L D
O H R N A M B O L D
S C E O O C E Z A G
E U V C U C E H D R
S S T G N G O V E R
N U R I D P H T W Z
O L S Y E Y G T K Q
```

Since we have _such_ a _hope_, we are _very_ _bold_, not like _Moses_, who would put a _veil_ _over_ his _face_ so that the _Israelites_ might not _gaze_ at the _outcome_ of what was being _brought_ to an _end_.

SINCE	OVER
SUCH	FACE
HOPE	ISRAELITES
VERY	GAZE
BOLD	OUTCOME
MOSES	BROUGHT
VEIL	END

2 Corinthians 4:5-6

```
H E A R T S Z R Y D R R B R
O L V K L Z N N M T K D T G
S U Z B N B Y L D D I S T L
T Y R B L O R D J S H M M R
N G K S Y B W R P I S A K E
A B T Y E G K L N S W Z M X
V T D H L L A E E L I G H T
R B S O C Y V N P D K N Q L
E R R I E A K E S E G V L M
S Y T D R R E U S V C E J X
L X R Z A H S R D I B A T G
R X J D J E C R P G B T F W
L Y G R J N K L G V Z G L T
```

For what we <u>preach</u> is not <u>ourselves</u>, but <u>Jesus</u> <u>Christ</u> as <u>Lord</u>, and ourselves as your <u>servants</u> for Jesus' <u>sake</u>. For God, who said, "Let <u>light</u> <u>shine</u> out of <u>darkness</u>," made his light shine in our <u>hearts</u> to <u>give</u> us the light of the <u>knowledge</u> of God's <u>glory</u> <u>displayed</u> in the <u>face</u> of Christ.

PREACH	SHINE
OURSELVES	DARKNESS
JESUS	HEARTS
CHRIST	GIVE
LORD	KNOWLEDGE
SERVANTS	GLORY
SAKE	DISPLAYED
LIGHT	FACE

2 Corinthians 4:8-10

```
D K P D L C B C L D Y W R L
J E X E A K R V E T D M M J
A T Y R R U C T R E F I L Z
Y B R O S P U U L S U S E J
D Y A H R C L A R D K M R X
O E E N E T E E E T D R P N
B D S S D V S S X N S N L T
Y R R P E O S E U E G W J K
Q E J R A E N O D V D R B Q
P T X M R I R E D E A T H B
M M J P G A R Z D W Z Q L Z
```

We are hard _pressed_ on every side, but not _crushed_; _perplexed_, but not in _despair_; _persecuted_, but not _abandoned_; _struck_ down, but not _destroyed_. We always _carry_ _around_ in our _body_ the _death_ of _Jesus_, so that the _life_ of Jesus may also be _revealed_ in our body.

PRESSED
CRUSHED
PERPLEXED
DESPAIR
PERSECUTED
ABANDONED
STRUCK
DESTROYED

CARRY
AROUND
BODY
DEATH
JESUS
LIFE
REVEALED

2 Corinthians 4:17-18

```
O T P R L O N G R Q T
E U R R E W Y D P N B
C G T O E V L L A M S
U V A W U S E L O O K
D G A Z E B E R N M L
O L F S E I L N O K N
R O I Q T N G E T F B
P R X S E L N H S Y D
T Y A E D O Y Z S G Y
K L S N G Y Y N D Q D
```

For our _present_ _troubles_ are _small_ and won't _last_ very _long_. Yet they _produce_ for us a _glory_ that _vastly_ _outweighs_ them and will last _forever_! So we don't _look_ at the troubles we can see now; rather, we _fix_ our _gaze_ on things that cannot be _seen_. For the things we see now will soon be _gone_, but the things we cannot see will last forever.

PRESENT	OUTWEIGHS
TROUBLES	FOREVER
SMALL	LOOK
LAST	FIX
LONG	GAZE
PRODUCE	SEEN
GLORY	GONE
VASTLY	

2 Corinthians 5:16-17

```
A Q N R E G A R D E
C C L O N G E R R G
H P C E I E E O R V
R A W O C T F M D Y
I S N N R E A L O F
S S O Y R D O E L C
T E E E O H I E R A
Z D H V E N S N W C
T T L B E H E A G R
L V Q O N N Y N M Y
```

From now on, *therefore*, we *regard* no one *according* to the *flesh*. *Even* though we *once* regarded *Christ* according to the flesh, we regard him thus no *longer*. Therefore, if *anyone* is in Christ, he is a *new* *creation*. The *old* has *passed* *away*; *behold*, the new has *come*.

THEREFORE	ANYONE
REGARD	NEW
ACCORDING	CREATION
FLESH	OLD
EVEN	PASSED
ONCE	AWAY
CHRIST	BEHOLD
LONGER	COME

Galatians 5:5-6

```
T S S E N S U O E T H G I R
W S V A L U E L X T V E C R
T Z I N R R Z J N E A I Z J
M I G R N B R W X G R L B Z
N M A M H K D P E C T Y J Q
S V J W L C R R U I P K V D
T T M Q A E L M R P W B J B
N H N V S Y C I N Y Z N X N
U X R S L I P F M H B D J Y
O J I O S S G L A W O E B B
C N D I U B W O M I S P R M
G V O B M G P V M U T B E T
M N M B L Y H E S Y N H J B
```

For through the Spirit we eagerly await by faith the righteousness for which we hope. For in Christ Jesus neither circumcision nor uncircumcision has any value. The only thing that counts is faith expressing itself through love.

THROUGH
SPIRIT
EAGERLY
AWAIT
FAITH
RIGHTEOUSNESS
HOPE

CHRIST
JESUS
CIRCUMCISION
VALUE
COUNTS
EXPRESSING
LOVE

Ephesians 1:11-12

```
P R E D E S T I N E D L
E S I A R P P H R B I T
C L L A B U O D G N D J
O Q R Y R P Z P H L R Z
U R R P E G L E O T Z R
N S O R L K R B W I L L
S S G O Q I T W M W G T
E Q R N T A R S O Z S M
L Y B A I B M D I R L P
Y K N N R H J X I R K J
R C E V Q R T F W L H S
E D N Z W D D M Y G N C
```

In him we have <u>obtained</u> an <u>inheritance</u>, having been <u>predestined</u> according to the <u>purpose</u> of him who <u>works</u> <u>all</u> <u>things</u> according to the <u>counsel</u> of his <u>will</u>, so that we who were the <u>first</u> to <u>hope</u> in <u>Christ</u> might be to the <u>praise</u> of his <u>glory</u>.

OBTAINED	COUNSEL
INHERITANCE	WILL
PREDESTINED	FIRST
PURPOSE	HOPE
WORKS	CHRIST
ALL	PRAISE
THINGS	GLORY

Ephesians 1:17-19

```
D W R Z P M G Z J Y R B B P W N
N E R X W J Q Q L Y J D L M I Y
O D N Y R Q D J N M G Q K N P G
I E V E I L E B Z N P S H T M N
T J B D T G X M J B P E D N J D
A D E Q R H Z Z T I R T W R B Y
L L G S T D G M R I S I N W O D
E V J L U Z M I T R S A X B Z L
V T L J O S T A L D C D I E R L
E S R D V R N L O N L A P N Q M
R E T D P C I M Z R E O L C T T
W H L R E J M O E T H L H L D S
T C G P A R D W U Y Q R D L E Z
L I M M B E O J N S I D T B L D
R R T L P P H R W S J Z M J D Y
L W R R B B D G T Y N T D N X R
```

I pray that the God of our <u>Lord</u> <u>Jesus</u> <u>Christ</u>, the Father of glory, may give you a <u>spirit</u> of <u>wisdom</u> and <u>revelation</u> as you come to know him, so that, with the eyes of your <u>heart</u> <u>enlightened</u>, you may know what is the <u>hope</u> to which he has <u>called</u> you, what are the <u>riches</u> of his <u>glorious</u> <u>inheritance</u> among the <u>saints</u>, and what is the immeasurable greatness of his power for us who <u>believe</u>, according to the working of his great <u>power</u>.

LORD
JESUS
CHRIST
SPIRIT
WISDOM
REVELATION
HEART
ENLIGHTENED

HOPE
CALLED
RICHES
GLORIOUS
INHERITANCE
SAINTS
BELIEVE
POWER

Ephesians 1:22-23

```
C M M G B R Y F T E
O A R O E F L D R Q
M D U D H E I E O T
P E N T S C H L I B
L U P M H W R F L S
E G I R Y O E U G S
T H I R H N R N H L
E S E E E A I I L C
T V A B X H L U T Y
E D R L T Y F L Y Y
```

God has put all things under the authority of Christ and has made him head over all things for the benefit of the church. And the church is his body; it is made full and complete by Christ, who fills all things everywhere with himself.

GOD	BENEFIT
ALL	CHURCH
THINGS	BODY
UNDER	FULL
AUTHORITY	COMPLETE
CHRIST	FILLS
MADE	EVERYWHERE
HEAD	HIMSELF

Ephesians 2:8-10

```
T P G A L Z W B H V Y M Q
H H R V D G G A L O D X Z
R T Z E O V N Y U N T Z L
O I L O P D A R D E V A S
U A D D I A S N W O R K S
G F C W E E R U C M T R G
H B O H L T C E S E B K J
D R O V R T A A D E X K B
K B E A F I D E R G J W N
W S T I S O S W R G D X T
L Y G N G T R T Y C M X D
```

For it is by <u>grace</u> you have been <u>saved</u>, <u>through</u> <u>faith</u>—and this is not from <u>yourselves</u>, it is the <u>gift</u> of <u>God</u>—not by works, so that no one can <u>boast</u>. For we are God's <u>handiwork</u>, <u>created</u> in <u>Christ</u> <u>Jesus</u> to do <u>good</u> <u>works</u>, which God <u>prepared</u> in <u>advance</u> for us to do.

GRACE
SAVED
THROUGH
FAITH
YOURSELVES
GIFT
GOD
BOAST

HANDIWORK
CREATED
CHRIST
JESUS
GOOD
WORKS
PREPARED
ADVANCE

Ephesians 2:12b-13

```
D B R O U G H T W B
H G U O R H T M R E
R T T J E S U S C T
W I T H O U T N V G
U T R P O S O B O T
N D K A I P L D D A
I Y E R E O E L W F
T L H V O N R A A D
E C R D I O Y R L T
D Y D X W L L J P Y
```

You *lived* in this *world* *without* *God* and without *hope*. But now you have been *united* with *Christ* *Jesus*. *Once* you were *far* *away* from God, but now you have been *brought* *near* to him *through* the *blood* of Christ.

LIVED	ONCE
WORLD	FAR
WITHOUT	AWAY
GOD	BROUGHT
HOPE	NEAR
UNITED	THROUGH
CHRIST	BLOOD
JESUS	

Ephesians 2:19-20

```
T B Z M M T F S T E H P O R P N
B D T W M T M O V Y L B N J Y B
S N B T R E N Y R N T S P R G L
M R Q P M Z N O E E X E Y K V
Y V E B W J T I D L I N G D J M
N R E G N B T L T D O G L M V Y
Q R L T N A X S M T Y O N J K R
S E G L D A O R S T H L M E Q D
T L Y N Q P R R R E S N C G R D
J P U K A F E T S L F I D D J S
N O N W E N D U S E T J R M N V
F E V I R M O N L I R E T H M B
T P H O M H M L Z M Y S L K C T
K C C N L X O E Y R B U Z Y G L
G P B B J W N Y N Y V S M Y P G
M N M L K S X Y W M Y P Y T Q Y
```

Consequently, you are no longer _foreigners_ and _strangers_, but _fellow citizens_ with God's _people_ and also _members_ of his _household_, built on the _foundation_ of the _apostles_ and _prophets_, with _Christ Jesus_ himself as the _chief cornerstone_.

FOREIGNERS
STRANGERS
FELLOW
CITIZENS
PEOPLE
MEMBERS
HOUSEHOLD

FOUNDATION
APOSTLES
PROPHETS
CHRIST
JESUS
CHIEF
CORNERSTONE

Ephesians 3:16-17

```
S T O O R V M B Z D R J P
J Y Y M Y K D R V E D B R
H T G N E R T S N D Q T J
P J N T Y T N N E M S D D
S R G J R M I T Q I T X L
G E A L M U I D R Y H G P
L M C Y R M S H H E R T T
O M Y R I E C T A O I L G
R K P L U L W R W R M N N
I K N Y O O T O I L O E T
O U X V L S S P P R N L N
U L E Y P R S E T M G J D
S M X R X V G S R M E Q D
```

I __pray__ that from his __glorious__, __unlimited__ __resources__ he will __empower__ you with __inner__ __strength__ through his __Spirit__. Then __Christ__ will make his __home__ in your __hearts__ as you __trust__ in him. Your __roots__ will __grow__ down into God's __love__ and keep you __strong__.

PRAY	CHRIST
GLORIOUS	HOME
UNLIMITED	HEARTS
RESOURCES	TRUST
EMPOWER	ROOTS
INNER	GROW
STRENGTH	LOVE
SPIRIT	STRONG

Ephesians 4:4-7

```
D R F N Q L M N H C A E Y
P E J A D L E T T L B M L
T B N N T V K H M K M P R
I A R O I I H R B O D Y X P
R P E G I O E H T I A F J
I T V C U T C R K M M J T
P I O G A A R T S I R H C
S S H H L R D O T L G D
L M O L Y R G M P V B Y Q
J P E L O L L X Z P R L R
E D N L N N T M V G A D R
```

There is one <u>body</u> and one <u>Spirit</u>, just as you were <u>called</u> to one <u>hope</u> when you were called; one <u>Lord</u>, one <u>faith</u>, one <u>baptism</u>; one God and <u>Father</u> of all, who is <u>over</u> all and <u>through</u> all and in all. But to <u>each</u> one of us <u>grace</u> has been <u>given</u> as <u>Christ</u> <u>apportioned</u> it.

BODY	OVER
SPIRIT	THROUGH
CALLED	EACH
HOPE	GRACE
LORD	GIVEN
FAITH	CHRIST
BAPTISM	APPORTIONED
FATHER	

Ephesians 5:8-10

```
N R R D D L D T D R M T Q
E Y Y Y D X B A J D F Y R
Q C H I L D R E N R N Z M
Y V N M Z K Z T U R N I J
M M V O N X M I M M X Q F
R B P E P D T M Z N N L L
D D S V L M G R B T W D R
V S W K E T H G I L N L G
T T J J A R Z N D U I O Q
H R Z Q S M O R O V O V X
G U T N I W O F E D T J W
I E K L N L R Y Y J N R Z
R B Q R G M D V Y R W Q Y
```

For <u>once</u> you were <u>darkness</u>, but <u>now</u> in the <u>Lord</u> you are <u>light</u>. <u>Live</u> as <u>children</u> of light—for the <u>fruit</u> of the light is <u>found</u> in all that is <u>good</u> and <u>right</u> and <u>true</u>. <u>Try</u> to <u>find</u> out what is <u>pleasing</u> to the Lord.

ONCE	FOUND
DARKNESS	GOOD
NOW	RIGHT
LORD	TRUE
LIGHT	TRY
LIVE	FIND
CHILDREN	PLEASING
FRUIT	

Philippians 3:13-14

```
C G D D B R J Y T K W V N
O J N F A Z B S T D Q P L
N X I I O E I Y T B S N Y
S P H Y T R H O J T L Q Y
I R E D H T W A R S E I L
D I B C S A E A Y D R L J
E Z B J R S I G R G O A L
R E L D E N E A R D T Z B
B L G L I S W R L O G V T
M O M N A P U N P P F J J
D T G J U C B S V Z T T Y
```

Brothers, I do not consider that I have made it my own. But one thing I do: forgetting what lies behind and straining forward to what lies ahead, I press on toward the goal for the prize of the upward call of God in Christ Jesus.

CONSIDER	TOWARD
FORGETTING	GOAL
BEHIND	PRIZE
STRAINING	UPWARD
FORWARD	CALL
LIES	GOD
AHEAD	CHRIST
PRESS	JESUS

Philippians 3:20-21

```
P G L O R I O U S Y B
I R O I V A S S Z T Y
H A W A I T E L R D Y
S G H P S L R A O C L
N E N E B E N E O R T
E L A A A S I N W S D
Z Y N G F V T D I O J
I E L O E R E R O E P
T Q R W O R H N S B Z
I M B L O C L U N N Y
C Z Y X W L S Y R B G
```

But our <u>citizenship</u> is in <u>heaven</u>. And we <u>eagerly</u> <u>await</u> a <u>Savior</u> from there, the <u>Lord</u> Jesus <u>Christ</u>, who, by the <u>power</u> that <u>enables</u> him to bring everything under his <u>control</u>, will <u>transform</u> our <u>lowly</u> <u>bodies</u> so that they will be like his <u>glorious</u> body.

CITIZENSHIP
HEAVEN
EAGERLY
AWAIT
SAVIOR
LORD
JESUS
CHRIST

POWER
ENABLES
CONTROL
TRANSFORM
LOWLY
BODIES
GLORIOUS

Philippians 4:6-7

```
S N S P E L B L R D Y N U
D O U R V H T Z R D Z N S
N I O E E J E A T N D U P
E T I S R S U A O E S T W
C I X E Y G T I R E D L Y
S T N N T B T S J T B R M
N E A T X A T J E R S I Y
A P B G U A P C E U N P N
R T O T N M E Y H D Q R G
T D I D N J A T S R L E K
T S I K T R C T B N I R R
L N T Y P D E V V V M S B
G T L M K M M L D T N M T
```

Do not be <u>anxious</u> about anything, but in <u>every</u> <u>situation</u>, by <u>prayer</u> and <u>petition</u>, with thanksgiving, <u>present</u> your <u>requests</u> to <u>God</u>. And the <u>peace</u> of God, which <u>transcends</u> all <u>understanding</u>, will <u>guard</u> your <u>hearts</u> and your <u>minds</u> in <u>Christ</u> <u>Jesus</u>.

ANXIOUS
EVERY
SITUATION
PRAYER
PETITION
PRESENT
REQUESTS
GOD

PEACE
TRANSCENDS
UNDERSTANDING
GUARD
HEARTS
MINDS
CHRIST
JESUS

Philippians 4:12-13

```
C N H T E R C E S Y
O O G N I E B A H Y
N I U T Y J T T L G
T T O L M R G N I L
E A R E P N E V A Y
N U H A E L E V R W
T T T R W S E G E N
F I T N Y O N N E J
E S W E L U N E T M
D V T D H T D K T Y
```

I _know_ what it is to be in _need_, and I know what it is to have _plenty_. I have _learned_ the _secret_ of _being_ _content_ in any and _every_ _situation_, whether well _fed_ or _hungry_, whether living in plenty or in _want_. I can do _all_ this _through_ him who _gives_ me _strength_.

KNOW	SITUATION
NEED	FED
PLENTY	HUNGRY
LEARNED	WANT
SECRET	ALL
BEING	THROUGH
CONTENT	GIVES
EVERY	STRENGTH

Colossians 1:3-5a

```
T H A N K H T I A F G M
L O R D Y R S E P O H Q
G Z I L T V E T D J V X
M A B P S S D H N L M B
L J R D N Y I K T I M X
Y A M O M N A R D A A T
Y L K G E S Z W H B F S
Q W T V U H L M L C D J
J T A S D O E L D A Y J
Z E E Q V X J A K X J G
H J R E N Z D Z R N R B
W J Y V Q L L P R D K K
```

We <u>always</u> <u>thank</u> <u>God</u>, the <u>Father</u> of our <u>Lord</u> <u>Jesus</u> <u>Christ</u>, when we <u>pray</u> for you, since we <u>heard</u> of your <u>faith</u> in Christ Jesus and of the <u>love</u> that you have for all the <u>saints</u>, because of the <u>hope</u> <u>laid</u> up for you in <u>heaven</u>.

ALWAYS	HEARD
THANK	FAITH
GOD	LOVE
FATHER	SAINTS
LORD	HOPE
JESUS	LAID
CHRIST	HEAVEN
PRAY	

Colossians 1:13-14

```
T R A N S F E R R E D
R P D R Z V M O T N I
E W U S E O V F P D M
R V O R D S R Z A T F
A N A G C O C R Z R M
E N N G M H K U E L S
D I O K R N A E E N G
K T U N E O D S I D B
W V R S V O F S E L Q
L X S Z M R Z L J D Q
```

For he has <u>rescued</u> us <u>from</u> the <u>kingdom</u> of <u>darkness</u> and <u>transferred</u> us <u>into</u> the Kingdom of his <u>dear</u> <u>Son</u>, who <u>purchased</u> <u>our</u> <u>freedom</u> and <u>forgave</u> our <u>sins</u>.

RESCUED	SON
FROM	PURCHASED
KINGDOM	OUR
DARKNESS	FREEDOM
TRANSFERRED	FORGAVE
INTO	SINS
DEAR	

Colossians 1:18b-20a

```
E C H R I S T X Y D Y
M G N I H T Y R E V E
E S N L R X H L B V D
R K S E Y I I E L E Q
P B V E M C G E S L H
U O V S N I D A S G A
S I E O N L E A U I R
L L C N G L L O E L R
F E I L P O R U R D Z
R N L J T H D R F M R
G Q R D T Q T Y M K W
```

He is the beginning,
supreme over all who rise from the dead.
So he is first in everything.
For God in all his fullness
was pleased to live in Christ,
and through him God reconciled
everything to himself.

BEGINNING   PLEASED
SUPREME   LIVE
OVER   CHRIST
ALL   THROUGH
RISE   RECONCILED
DEAD   EVERYTHING
GOD   HIMSELF
FULLNESS

Colossians 1:22-23a

```
B L C H M X R M F R D Z T
L E Y O M W G A E E A B G
E P D L N C I C H C L G K
M S O Y H T O S C J D R D
I O B R H N I U N Y X T J
S G I T C L S N P N D M D
H S M I B A J L U V D B L
T J L A T P R E S E N T K
M E T I M R E Q A F I R M
D S O Y D R T T E P O H W
E N Y D F L H M D N W D D
```

But now he has _reconciled_ you by _Christ_'s physical _body_ through _death_ to _present_ you _holy_ in his sight, without _blemish_ and _free_ from _accusation_—if you _continue_ in your _faith_, _established_ and _firm_, and do not move from the _hope_ held out in the _gospel_.

RECONCILED	ACCUSATION
CHRIST	CONTINUE
BODY	FAITH
DEATH	ESTABLISHED
PRESENT	FIRM
HOLY	HOPE
BLEMISH	GOSPEL
FREE	

Colossians 1:26-27

```
G E N E R A T I O N S
A S S U R A N C E E Z
D E G A S S E M I V V
E V S E D O G R D T Q
L P X E N S U I G Y Y
A T E G C T E N V W D
E S M O N R I H G E B
V I E E P R E L C K S
E R C V A L O T E I D
R H Q H I R E P M S R
T C S N Y L T T Z T X
```

This <u>message</u> was <u>kept</u> <u>secret</u> for <u>centuries</u> and <u>generations</u> past, but now it has been <u>revealed</u> to God's <u>people</u>. For <u>God</u> wanted them to know that the <u>riches</u> and <u>glory</u> of <u>Christ</u> are for you <u>Gentiles</u>, too. And this is the secret: Christ <u>lives</u> in you. This <u>gives</u> you <u>assurance</u> of <u>sharing</u> his glory.

MESSAGE	RICHES
KEPT	GLORY
SECRET	CHRIST
CENTURIES	GENTILES
GENERATIONS	LIVES
REVEALED	GIVES
PEOPLE	ASSURANCE
GOD	SHARING

Colossians 2:6-7

```
S D D W M L G G W H K H
S E R T O Z N V T K T K
E T E R L O L I R U Z M
N P D U R J A G R O W L
L E F T N F S T M Z V O
U C S O R I C E X M V R
F C S L L P T H V E K B
K A U R D L N N R I U W
N N S O O Z O F O I L D
A R E O W Y L W L C S T
H T J T N O N T M D M T
T Q Y S W V D D J M J D
```

And now, just as you <u>accepted</u> <u>Christ</u> <u>Jesus</u> as your <u>Lord</u>, you must <u>continue</u> to <u>follow</u> him. Let your <u>roots</u> <u>grow</u> <u>down</u> into him, and let your <u>lives</u> be <u>built</u> on him. Then your <u>faith</u> will grow <u>strong</u> in the <u>truth</u> you were taught, and you will <u>overflow</u> with <u>thankfulness</u>.

ACCEPTED
CHRIST
JESUS
LORD
CONTINUE
FOLLOW
ROOTS
GROW

DOWN
LIVES
BUILT
FAITH
STRONG
TRUTH
OVERFLOW
THANKFULNESS

Colossians 3:2-4

```
Y P W J D L Y T J R P W B
L M T Z J T Z R H D I E D
H Z D B Z L Q T T I W Q L
M I D E L A E V E R N T M
G I D Y T S T F J V S G B
J O N D T Y I T Q I O V S
L M D D E L R E R N V B G
R R L R S N A H R R V L A
T Y N M Q R C O D Z O L R
D B N D T Y N V S R Z U T
Q K N H L Z N V Y L O N W
J Z G T G T R W Y R A J B
```

Set your minds on the things that are above, not on the things that are on earth. For you have died, and your life is hidden with Christ in God. When Christ, who is our life, is revealed, then you also will be revealed with Him in glory.

SET	CHRIST
MINDS	GOD
THINGS	OUR
ABOVE	LIFE
EARTH	REVEALED
DIED	ALSO
HIDDEN	GLORY

Colossians 3:16

```
L S R C G X L E S N U O C
U W S N H F G P D M B B N
F I I E I R I T E A C H J
K S S L N R I S B H Q N T
N D L M I H S S E W Y M J
A O H T L A C A T S P N K
H M U Y G A R I E N B Q Y
T A D E M T S V R D R Y D
L O R L S N I P G I V E S
G D Y Q Z L S M X R D B J
```

Let the <u>message</u> about <u>Christ</u>, in all its <u>richness</u>, <u>fill</u> your <u>lives</u>. <u>Teach</u> and <u>counsel</u> each other with all the <u>wisdom</u> he <u>gives</u>. <u>Sing</u> <u>psalms</u> and <u>hymns</u> and <u>spiritual</u> songs to <u>God</u> with <u>thankful</u> <u>hearts</u>.

MESSAGE
CHRIST
RICHNESS
FILL
LIVES
TEACH
COUNSEL
WISDOM

GIVES
SING
PSALMS
HYMNS
SPIRITUAL
GOD
THANKFUL
HEARTS

1 Thessalonians 1:2-3

```
S S E N T S A F D A E T S
G W G E V O L E P O H N X
L N Y O T V R R M M B L Z
M T I L D R A S M H R K L
T S Q R T Y K S T J R Y B
F I P R E N R I U O Q Y M
A R R R A B A B W S Q L T
T H S H L F M T M L E V L
H C T E A Z L E S Y N J Q
E D M V B L T O M N Y V L
R Y N I O Q M P R E O D T
D V Y G R Y M V Q D R C Q
```

We always <u>give</u> <u>thanks</u> to <u>God</u> for all of you and mention you in our <u>prayers</u>, <u>constantly</u> <u>remembering</u> before our God and <u>Father</u> your <u>work</u> of <u>faith</u> and <u>labor</u> of <u>love</u> and <u>steadfastness</u> of <u>hope</u> in our <u>Lord</u> <u>Jesus</u> <u>Christ</u>.

GIVE	FAITH
THANKS	LABOR
GOD	LOVE
PRAYERS	STEADFASTNESS
CONSTANTLY	HOPE
REMEMBERING	LORD
FATHER	JESUS
WORK	CHRIST

1 Thessalonians 5:8-9

```
N O I T A V L A S N B Z
A J E S U S L N D R O L
R P Q P Q T T B E J Q J
E C P S A L V A T I O N
C H K O O H S H S D R D
E R E V I T T U O E J T
I I E L P N F I B P H T
V S M L M F T O A T E Q
E T A G E E S L A F W J
T T O R M Q T R T K R L
E D Y J K D W P R M X L
```

But since we belong to the day, let us be <u>sober</u>, putting on <u>faith</u> and <u>love</u> as a <u>breastplate</u>, and the <u>hope</u> of <u>salvation</u> as a <u>helmet</u>. For <u>God</u> did not <u>appoint</u> us to <u>suffer</u> <u>wrath</u> but to <u>receive</u> <u>salvation</u> through our <u>Lord</u> <u>Jesus</u> <u>Christ</u>.

SOBER	APPOINT
FAITH	SUFFER
LOVE	WRATH
BREASTPLATE	RECEIVE
HOPE	SALVATION
SALVATION	LORD
HELMET	JESUS
GOD	CHRIST

2 Thessalonians 2:16-17

```
N E C H R I S T E C A R G
E D N R E H T A F L D P Z
H V E C D R O L O G O O D
T S K E O Z K V O L T D N
G U T Y D U E D A E Y L D
N S W R H D R N V R T D R
E E V O A Y R A M T J T P
R J P W R E G B G P N Z P
T E Y Z T D H E V E R Y B
S R M E V W B P M M M M D
```

May our <u>Lord</u> <u>Jesus</u> <u>Christ</u> himself and <u>God</u> our <u>Father</u>, who <u>loved</u> us and by his <u>grace</u> <u>gave</u> us <u>eternal</u> encouragement and <u>good</u> hope, <u>encourage</u> your <u>hearts</u> and <u>strengthen</u> you in <u>every</u> good <u>deed</u> and <u>word</u>.

LORD
JESUS
CHRIST
GOD
FATHER
LOVED
GRACE
GAVE
ETERNAL

GOOD
HOPE
ENCOURAGE
HEARTS
STRENGTHEN
EVERY
DEED
WORD

1 Timothy 2:3-6

```
Z L S Z R Z D P R L L Y Z N M N
Y Q E Y R E W M J N M T T P Y R
B P S W Q T C D E K G H B Z T N
D T A M Q Q Z O R G G O G Z Y L
B R E R Q Q U N N I A Q D T Z J
M Z L M Z D K N R C L S I R L L
L E P R O T L Q D J I N S Q R P
S Z D Y R D L R B E A L M E U T
A T B I B M E T O M R G E R M L
V B S W A J M E U W O S C L D W
I W W I E T K H R O D H T H T D
O D Y S R M O V D F A J T A L T
R T U P V H P R J S Q U T W N R
R S P L P R C R E T R V P Z R D
Z B B L Q Q Q Z T T Y R D N Z B
```

This is <u>good</u> and <u>pleases</u> <u>God</u> our <u>Savior</u>, who wants everyone to be saved and to <u>understand</u> the <u>truth</u>. For,
There is one God and one <u>Mediator</u> who can <u>reconcile</u> God and <u>humanity</u>—the man <u>Christ</u> Jesus. He gave his life to <u>purchase</u> <u>freedom</u> for everyone.
This is the <u>message</u> God gave to the <u>world</u> at just the <u>right</u> time.

GOOD	HUMANITY
PLEASES	CHRIST
GOD	JESUS
SAVIOR	PURCHASE
UNDERSTAND	FREEDOM
TRUTH	MESSAGE
MEDIATOR	WORLD
RECONCILE	RIGHT

1 Timothy 4:10

```
D Y E S A V I O R Y
D N L V L T S T L B
H O P E E T H L B B
D L R E R I A O M M
O J I I O I L L S T
G Y V V C P L E N E
D E Z E I L L I B Z
B D P W W N L E O Z
L S N Y T N G A D T
E V Y E Q B Y R Q D
```

For to this <u>end</u> we <u>toil</u> and <u>strive</u>, because we have our <u>hope</u> set on the <u>living</u> <u>God</u>, who is the <u>Savior</u> of <u>all</u> <u>people</u>, <u>especially</u> of <u>those</u> who <u>believe</u>.

END	SAVIOR
TOIL	ALL
STRIVE	PEOPLE
HOPE	ESPECIALLY
LIVING	THOSE
GOD	BELIEVE

1 Timothy 6: 11a-12

```
E T R I G H T E O U S S Z Z
J C R F Z V R Q R P E Y Y R
X D N U I V Z H P S Z P V D
P G B A E G T M S Y L D O G
D Z E D R I H E C A L L E D
P E B N A E N T D P B G R L
U D C F T T V L A N R E T E
R D M L I L L E O L X T M W
S B O W A I E K S V V G Z V
U G L O F R Y L B R E W L P
E V R E G Q E Q T N E X G Q
L L N R J P R D N V Y P L T
```

Pursue righteousness and a godly life, along with faith, love, perseverance, and gentleness. Fight the good fight for the true faith. Hold tightly to the eternal life to which God has called you, which you have declared so well before many witnesses.

PURSUE	FIGHT
RIGHTEOUS	GOOD
GODLY	TRUE
LIFE	ETERNAL
FAITH	CALLED
LOVE	DECLARED
PERSEVERANCE	WITNESSES
GENTLE	

2 Timothy 1:9

```
M M T S I R H C P B T D J
B E F O R E M V E D V K P
G Z Z T V D L G R P T D H
I A N Y T H I N G B D O J
V L D V L N Y D E T L T X
E I M Q N T E C E Y I R X
N F D I L M A S G L N M G
Y E N N P U Z K O G L S E
N G R D S N Y S R P U A Q
G J O E W M J A A S R L C
D N J O L D C W E V M U D
E N M K B E Q J T J E X P
R T M T L Z N M Z R L D D
```

He has saved us and called us to a holy life—not because of anything we have done but because of his own purpose and grace. This grace was given us in Christ Jesus before the beginning of time.

SAVED	PURPOSE
CALLED	GRACE
HOLY	GIVEN
LIFE	CHRIST
BECAUSE	JESUS
ANYTHING	BEFORE
DONE	BEGINNING
OWN	TIME

2 Timothy 1:10

```
E G S G D Y B Z N R I N Y Z
I F N W W W Y D G L Z V B K
J M I I E N X B L J Y T N Z
E P M L R N M U R W J T K T
S O X O N A M N O O R T N T
U W D N R I E N I O K W A Y
S E G E N T C P I A Z E L L
Z R J A A H A V P M L Z D R
L M T N R T A L Y A N P N M
W E N I G S H D I E D A M G
D B S G O O D R B T T V J T
D T R B K Y T T K Z Y T T K
```

And <u>now</u> he has <u>made</u> all of this <u>plain</u> to us by the <u>appearing</u> of <u>Christ</u> <u>Jesus</u>, our <u>Savior</u>. He <u>broke</u> the <u>power</u> of <u>death</u> and <u>illuminated</u> the <u>way</u> to <u>life</u> and <u>immortality</u> through the <u>Good</u> <u>News</u>.

NOW	POWER
MADE	DEATH
PLAIN	ILLUMINATED
APPEARING	WAY
CHRIST	LIFE
JESUS	IMMORTALITY
SAVIOR	GOOD
BROKE	NEWS

Titus 2:11-13

```
M A N I F E S T A T I O N B
G Y Y J L N S Y N G L O R Y
Q T L I M A L O J T I A W R
D A V D V N I D R D G P R Q
B E P I L T B A E P O H V K
C L O P A R I T H G I R P U
H R E V E N O G W Y N V Q B
R W L S I A R W L S U S E J
I A Y N S A R D V D V L T T
S J G T C E O E R P D J Y K
T B Y E B G D Y D Q D Q L P
```

For the grace of God has appeared, bringing salvation to all, training us to renounce impiety and worldly passions, and in the present age to live lives that are self-controlled, upright, and godly, while we wait for the blessed hope and the manifestation of the glory of our great God and Savior, Jesus Christ.

GRACE	WAIT
APPEARED	BLESSED
SALVATION	HOPE
TRAINING	MANIFESTATION
WORLDLY	GLORY
LIVE	SAVIOR
UPRIGHT	JESUS
GODLY	CHRIST

Titus 3:6-8

```
D B E C O M E R Y D L Y D
E E S P I R I T E Y L N L
T T I G N S D R O I V A S
E S D F R T U P T E R U S
R B A I I O P H B B N J D
N N E Y P T R Y L H C I R
A H S E I O S E L H R L R
L H F U U N C U R N L V B
J I O G S A G I J N Z P T
L M H P R E S B G K R J R
R T P G E T J N D Q W M Y
```

This Spirit he poured out on us richly through Jesus Christ our Savior, so that, having been justified by his grace, we might become heirs according to the hope of eternal life. The saying is sure.

SPIRIT
POURED
RICHLY
THROUGH
JESUS
CHRIST
SAVIOR
JUSTIFIED

GRACE
BECOME
HEIRS
HOPE
ETERNAL
LIFE
SAYING
SURE

Hebrews 3:5-6

```
H G T M F A I T H F U L
C O N F I D E N C E D T
S T U I N E K O P S J R
G E N S T S I R H C J P
N S R O E S L A T E R B
I T D V S F A H O P E R
H I D L A G J O Y T T J
T F J S O N T J B W L B
K Y T D M H T S E S O M
```

Now <u>Moses</u> was <u>faithful</u> in all <u>God's</u> <u>house</u> as a <u>servant</u>, to <u>testify</u> to the <u>things</u> that were to be <u>spoken</u> <u>later</u>, but <u>Christ</u> is faithful over God's house as a <u>son</u>. And we are his house, if indeed we <u>hold</u> <u>fast</u> our <u>confidence</u> and our <u>boasting</u> in our <u>hope</u>.

MOSES	LATER
FAITHFUL	CHRIST
GOD	SON
HOUSE	HOLD
SERVANT	FAST
TESTIFY	CONFIDENCE
THINGS	BOASTING
SPOKEN	HOPE

Hebrews 4:14-15

```
E H E A V E N F A I T H
M Q Z S L T Q T M P N V
P T S M S D S Y X I T D
A D A E M E V E S B E Q
T M L E S T F O I D D Q
H E L Q R S N O N R J W
I H M J J G E E R Y P R
Z G D P Y E C N L P V P
E I O L T S S M K L N D
Q H G B A E R U J A T J
L M L R Z I D Z S B E M
V G Q W F L L N B D D W
```

Therefore, since we have a <u>great</u> <u>high</u> <u>priest</u> who has <u>ascended</u> into <u>heaven</u>, Jesus the <u>Son</u> of <u>God</u>, let us hold <u>firmly</u> to the <u>faith</u> we <u>profess</u>. For we do not have a high priest who is unable to <u>empathize</u> with our <u>weaknesses</u>, but we have one who has been <u>tempted</u> in every way, just as we are—yet he did not <u>sin</u>.

GREAT	FIRMLY
HIGH	FAITH
PRIEST	PROFESS
ASCENDED	EMPATHIZE
HEAVEN	WEAKNESSES
JESUS	TEMPTED
SON	SIN
GOD	

Hebrews 5:9-10

```
D N O I T A V L A S G R V
M E L C H I Z E D E K M Z
T B S R G J H E W S N Z P
C E E I V N T I O R D T Q
E C D Q G E I U G T N G D
F A A O R N R E S H K G W
R M M N B C A E B P X Y M
E E A G E E I T R E D R O
P L G D O R Y M E B M B Y
L Q J Y P D N R V D Z W V
```

And being made perfect, he became the source of eternal salvation to all who obey him, being designated by God a high priest after the order of Melchizedek.

BEING	OBEY
MADE	DESIGNATED
PERFECT	GOD
BECAME	HIGH
SOURCE	PRIEST
ETERNAL	ORDER
SALVATION	MELCHIZEDEK

Hebrews 6:11

```
N M G K H K T L V E X J Z
V I G Q O Q I X D L M B Q
M X A Y P F Y G W L Q O W
Q A J T E M N T A E R G C
T D K T R I K L P M J S X
P J D E V E A R E U R T Z
E T B O N S C L E E L D L
E R L D T L B W H D Y M R
K J I S R M T V T R D J
Y G R S B L O N G Q L O N
X R M K E W Y P T T Z Y T
N N K P B D Y L B M M W B
```

*Our <u>great</u> <u>desire</u> is that you will <u>keep</u>
on <u>loving</u> <u>others</u> as <u>long</u> as <u>life</u> <u>lasts</u>, in
<u>order</u> to <u>make</u> <u>certain</u> that what you
<u>hope</u> for will <u>come</u> <u>true</u>.*

GREAT	LASTS
DESIRE	ORDER
KEEP	MAKE
LOVING	CERTAIN
OTHERS	HOPE
LONG	COME
LIFE	TRUE

Hebrews 6:17-18

```
E E D B Z G E L C F T D E
S P L Y M P N H M K A N N
I U O B O M A O D Q C S M
M R H H A R R E R O K F T
O P M E A E R L U T L M R
R O M C G I G R L E S X X
P S T L S U A N D M K Z R
S E J E T G F N A W R Y M
R K D M E L Y E T H O N R
I P B M B R W T R A C D K
E Z E S H O W T T V L N M
H N D Z B Q Y H Q M N N U
T G Y V M M V X L K Y N T
```

So when God _desired_ to _show_ more convincingly to the _heirs_ of the _promise_ the _unchangeable_ _character_ of his _purpose_, he guaranteed it with an _oath_, so that by two unchangeable things, in which it is impossible for God to lie, we who have _fled_ for _refuge_ might have _strong_ _encouragement_ to _hold_ _fast_ to the _hope_ set before us.

DESIRED	FLED
SHOW	REFUGE
HEIRS	STRONG
PROMISE	ENCOURAGEMENT
UNCHANGEABLE	HOLD
CHARACTER	FAST
PURPOSE	HOPE
OATH	

Hebrews 6:19-20

```
N L J K X S U R E G M X Q M J Z
A N C H O R E V E R O F R H T J
M J J H F T B P T D Y N I X R W
K X R M O O M Z G M D G J K T P
Z T B S V P R D N I H E B K B S
L S H R I N E E D G R T E D T M
R P L E N Q V J R E B D D E P X
L X R T K I E J N U E M A J V Q
Q D D N V S A N M Z D L Q R Z
L G K E U N I T I M F N J B Y Z
T Y T S R D N H R A M R E L Z Q
J S T X Q X C J S U D N U R B Y
L P E T J L M T N V C O T R T T
J T D I E X R M G J S G G N D Q
R T M M R W L J N R K Z Y G M Y
B Q B B T P Y N G Z D P G V W Y
```

We have this _hope_, a _sure_ and _steadfast_ _anchor_ of the _soul_, a hope that _enters_ the _inner_ _shrine_ _behind_ the _curtain_, where _Jesus_, a _forerunner_ on our behalf, has entered, having become a _high_ _priest_ _forever_ according to the order of _Melchizedek_.

HOPE
SURE
STEADFAST
ANCHOR
SOUL
ENTERS
INNER
SHRINE

BEHIND
CURTAIN
JESUS
FORERUNNER
HIGH
PRIEST
FOREVER
MELCHIZEDEK

Hebrews 7:18-19

```
G J D E C U D O R T N I
T N E M D N A M M O C Y
R N X D M H H S D B X R
E E O P O A S A N J K N
T G M P E E S E N W L M
T W E R N R A I L D X N
E A A K O R F D D D R D
B L A R Z F N E D E Q B
N E V T D B Z Q C Q D X
W P R J G D N D J T L R
```

For on the one hand, a former commandment is set aside because of its weakness and uselessness (for the law made nothing perfect); but on the other hand, a better hope is introduced, through which we draw near to God.

HAND
FORMER
COMMANDMENT
ASIDE
WEAKNESS
LAW
PERFECT

BETTER
HOPE
INTRODUCED
DRAW
NEAR
GOD

Hebrews 10:23-25

```
G N I H C A O R P P A J R
E M Q N D Y P L O V E Y Q
D N H D L R G R X B L N M
E L C O E J A Z O G R E D
E L Y O P S Z W N F E N V
D Q U D U E I I O T E N J
S H G F J R V M I T J S A
Q X O W H R A N O V M N S
V Y O L E T G G M R O G R
L L D W D J I M I T P U Y
Y T S P T Y P A H N P K P
J N X R M G K E F S G D J
U P B L R Q R B P Q M J R
```

Let us <u>hold</u> <u>unswervingly</u> to the <u>hope</u> we <u>profess</u>, for he who <u>promised</u> is <u>faithful</u>. And let us consider how we may <u>spur</u> one <u>another</u> on <u>toward</u> <u>love</u> and <u>good</u> <u>deeds</u>, not giving up <u>meeting</u> together, as some are in the habit of doing, but <u>encouraging</u> one another—and all the more as you see the Day <u>approaching</u>.

HOLD	TOWARD
UNSWERVINGLY	LOVE
HOPE	GOOD
PROFESS	DEEDS
PROMISED	MEETING
FAITHFUL	ENCOURAGING
SPUR	APPROACHING
ANOTHER	

Hebrews 10:35-36

```
R W T N E I T A P E G
E R L N L S T H C J D
B L E O E T G N R B R
M P R C R D A N E O D
E D R U E R I U I R W
M R S O U I N F A R G
E T L D M I V W N R B
R A N L T I E E E O N
R E W N I R S A B E C
Z L O A Y W T E E V M
D C N P Y T W D D B R
```

So do not <u>throw</u> <u>away</u> this <u>confident</u> <u>trust</u> in the <u>Lord</u>. <u>Remember</u> the <u>great</u> <u>reward</u> it <u>brings</u> you! <u>Patient</u> <u>endurance</u> is what you <u>need</u> now, so that you will <u>continue</u> to do God's <u>will</u>. Then you will <u>receive</u> all that he has <u>promised</u>.

THROW	BRINGS
AWAY	PATIENT
CONFIDENT	ENDURANCE
TRUST	NEED
LORD	CONTINUE
REMEMBER	WILL
GREAT	RECEIVE
REWARD	PROMISED

Hebrews 11:1-3

```
N C R E A T E D G R M N
E O U N I V E R S E M Q
C F I R J S D V L C N U
N A J T E Y I E O N N Z
A I T E A S J N P D M R
R T N V I D V J E O N L
U H N B M I N R L J H Z
S T L M C J S E D Y Y B
S E T T M T W D M R M X
A J I V A X O T W M O X
D O L N D G L R B V O W
N Z D P E K V T T M W C
```

Now <u>faith</u> is the <u>assurance</u> of things <u>hoped</u> for, the <u>conviction</u> of things not <u>seen</u>. For by it the people of old received their <u>commendation</u>. By faith we <u>understand</u> that the <u>universe</u> was <u>created</u> by the <u>word</u> of <u>God</u>, so that what is seen was not <u>made</u> out of things that are <u>visible</u>.

FAITH
ASSURANCE
HOPED
CONVICTION
SEEN
COMMENDATION
UNDERSTAND

UNIVERSE
CREATED
WORD
GOD
MADE
VISIBLE

Hebrews 12:1-2

```
P E J L E D T T W N N E L K
Q E C K V N Y I W N C X P M
J L R A X D T H I N D E R S
N J K F R N K A A S R P J Z
M A R K E D M R N E E E W K
Q B D S J C E P E G S Y V P
B N S B W V T N G U L X E R
Y E M O E L O E S R P E Y T
S T R S D I J Y R D E M S B
Q H R U P F I X I N G A G Q
T E O H T I A F R P Y M T B
P L N J L Q G Y U N D G N P
C R D Q M D B L N L V D D D
```

Therefore, since we are surrounded by such a <u>great</u> <u>cloud</u> *of* <u>witnesses</u>, *let us* <u>throw</u> *off everything that* <u>hinders</u> *and the sin that so easily* <u>entangles</u>. *And let us* <u>run</u> *with* <u>perseverance</u> *the* <u>race</u> <u>marked</u> *out for us,* <u>fixing</u> *our* <u>eyes</u> *on* <u>Jesus</u>, *the* <u>pioneer</u> *and* <u>perfecter</u> *of* <u>faith</u>.

GREAT
CLOUD
WITNESSES
THROW
HINDERS
ENTANGLES
RUN
PERSEVERANCE

RACE
MARKED
FIXING
EYES
JESUS
PIONEER
PERFECTER
FAITH

James 5:7-8

```
N N J B M Z X Q N E A R L
N C E T D Y R P M D W T D
B O S H V R E C E I V E S
E M L T T S U O I C E R P
L I E Y I G P A T I E N T
O N F A L A N G H T J M M
V G A D R R W E A L S B L
E R R K C T A L R N R W M
D O M D D R H E I T J B N
L K E W T M O A K P S L W
W Z R S Z D R P J J L M M
```

Be *patient*, therefore, *beloved*, until the *coming* of the *Lord*. The *farmer* *waits* for the *precious* *crop* from the *earth*, being patient with it until it *receives* the *early* and the *late* *rains*. You also must be patient. *Strengthen* your *hearts*, for the coming of the Lord is *near*.

PATIENT	EARTH
BELOVED	RECEIVES
COMING	EARLY
LORD	LATE
FARMER	RAINS
WAITS	STRENGTHEN
PRECIOUS	HEARTS
CROP	NEAR

1 Peter 1:3-6

```
R M E R C Y H O P E P Z
E N P L Y Z Z R D M Z E
S G W R Y J E Q H Y C J
U Y Y M A V G S V N M D
R F R B E I I J A L T Q
R A C N I R S T E G M L
E T G H E R I E N S I P
C H I P R R T I L O U E
T E V R E I V H P O D S
I R E H W I S S T A R L
O V N Q L Q B T F X M D
N I B D N L J P D J L L
```

Praise be to the God and _Father_ of our _Lord_ _Jesus_ _Christ!_ In his great _mercy_ he has _given_ us new _birth_ into a _living_ _hope_ through the _resurrection_ of Jesus Christ from the dead, and into an _inheritance_ that can _never_ _perish,_ _spoil_ or _fade._

PRAISE	LIVING
FATHER	HOPE
LORD	RESURRECTION
JESUS	INHERITANCE
CHRIST	NEVER
MERCY	PERISH
GIVEN	SPOIL
BIRTH	FADE

1 Peter 1:13

```
K B G N I M O C C H L V
A E R X Y G Y H O R V Y
L R X O R Y R P E L M N
E O S A U I E V G L M D
R F C D S G E V R L L D
T E S T N A H E V D R G
D R D U L I B T T R N Y
B E R E S O M F U L L Y
R H D B S E L R W L M P
R T Y B L R J B B S E T
```

Therefore, with *minds* that are *alert* and *fully* *sober*, *set* your *hope* on the *grace* to be *brought* to you when *Jesus* *Christ* is *revealed* at his *coming*.

THEREFORE	GRACE
MINDS	BROUGHT
ALERT	JESUS
FULLY	CHRIST
SOBER	REVEALED
SET	COMING
HOPE	

1 Peter 1:18-19

```
S R O T S E C N A T J
D P H P S T F G R P K
E R T S P I O I E P Y
M E H P I L L R L Y D
E C I E D M I V X D T
E I N L M S E T E C R
D O G D H P S L E R W
E U S A O I T F B O L
R S B G R O E Y N A M
L L N H R D L K M B N
E X C R Z P R B W Y K
```

For you know that it was not with perishable things such as silver or gold that you were redeemed from the empty way of life handed down to you from your ancestors, but with the precious blood of Christ, a lamb without blemish or defect.

KNOW	ANCESTORS
PERISHABLE	PRECIOUS
THINGS	BLOOD
SILVER	CHRIST
GOLD	LAMB
REDEEMED	BLEMISH
EMPTY	DEFECT
LIFE	

1 Peter 1:20-21

```
C H O S E N E S H R
D J C B Q R A G D M
E T T R O K U E N L
I Z I F E O L E A D
F R E M R A V S E H
I B Z H E E T S T W
R D T V I S I I O H
O K E L D A A R O G
L R E A R F L P O N
G B N N D D E D B J
```

He was <u>chosen</u> <u>before</u> the <u>creation</u> of the <u>world</u>, but was <u>revealed</u> in these <u>last</u> <u>times</u> for your <u>sake</u>. <u>Through</u> him you <u>believe</u> in <u>God</u>, who <u>raised</u> him from the <u>dead</u> and <u>glorified</u> him, and so your <u>faith</u> and <u>hope</u> are in God.

CHOSEN	THROUGH
BEFORE	BELIEVE
CREATION	GOD
WORLD	RAISED
REVEALED	DEAD
LAST	GLORIFIED
TIMES	FAITH
SAKE	HOPE

1 Peter 1:23

```
N R D G C O M E S
E G E B N D D Q B
L T O V R I U N M
G R E O E I V N E
N O W R C R I I L
L T D K N A O A L
I W L J G A S F G
F Y G A L T L J B
E W E N T L W L M
```

For you have been <u>born</u> <u>again</u>, but not to a <u>life</u> that will <u>quickly</u> <u>end</u>. Your <u>new</u> life will <u>last</u> <u>forever</u> because it <u>comes</u> from the <u>eternal</u>, <u>living</u> <u>word</u> of <u>God</u>.

BORN
AGAIN
LIFE
QUICKLY
END
NEW
LAST

FOREVER
COMES
ETERNAL
LIVING
WORD
GOD

1 Peter 3:14b-15

```
M S D E T A D I M I T N I
D H A B D V G M B A N R D
K E G N Z E W L C H O P E
E A F L C L M C R E A D Y
N R D E L T O A N J L Z M
O T S J N U I D N C M J Y
Y S D Y N S R F H D G T Q
N R D T A A E R Y L S Z Z
A L I R E W I K P R L L L
R N Y F O S L J A Y Z J N
G P Q J T L M A D M M M N
```

Do not <u>fear</u> what they fear, and do not be <u>intimidated</u>, but in your <u>hearts</u> <u>sanctify</u> <u>Christ</u> as <u>Lord</u>. <u>Always</u> be <u>ready</u> to <u>make</u> your <u>defense</u> to <u>anyone</u> who <u>demands</u> from you an <u>accounting</u> for the <u>hope</u> that is in you.

FEAR
INTIMIDATED
HEARTS
SANCTIFY
CHRIST
LORD
ALWAYS

READY
MAKE
DEFENSE
ANYONE
DEMANDS
ACCOUNTING
HOPE

1 Peter 5:10

```
E T E R N A L P N W Z N
R S U P P O R T N R O R
E Q S Z K K C D G I Y R
S Q Z T Y I E H T Y D X
T X L K R R N A R E P Y
O S Y I E E D D L I R Y
R R H F T N N L N O S Q
E J F A U T A G L E R T
J U E O R C L G T E S M
S Y F S D E M E T H R S
Y D R O U J Q F N I E G
L Z G Y D S A M F Z D N
```

In his kindness God called you to share in his eternal glory by means of Christ Jesus. So after you have suffered a little while, he will restore, support, and underline{strengthen} you, and he will place you on a underline{firm} underline{foundation}.

KINDNESS
GOD
CALLED
SHARE
ETERNAL
GLORY
CHRIST
JESUS

AFTER
SUFFERED
LITTLE
RESTORE
SUPPORT
STRENGTHEN
FIRM
FOUNDATION

2 Peter 1:10-11

```
Q N D N J M S M O D G N I K N J
B D N N N G R R B S L D W M D M
D D L T Z D S B E K A P M I T E
V X B V Y P G R B T R V L W T Q
C P J G E K D L E A S I I E G R
N A N V T N J B C H G I R O N N
E V L B V G T T E T N S N R Q
L C Z L Y N I R N L A O W R X D
N R I R I C D T A L B P R R R X
J I E O E N B K G N W M R B B T
K T A V H L G C Q Q C M U Y G Y
X J G T E C T L H V W E X T T K
D E R B R N R O N R X Z V T S Q
X S T Y J E R R Y B I L M Z K D
Z U Y D W R C D D Z Y S K Q T G
Z S D G K T Y J T T V J T W L G
```

Therefore, <u>brothers</u> and <u>sisters</u>, be all the more <u>diligent</u> to make <u>certain</u> about His <u>calling</u> and <u>choice</u> of you; for as long as you <u>practice</u> these things, you will <u>never</u> <u>stumble</u>; for in this way the <u>entrance</u> into the <u>eternal</u> <u>kingdom</u> of our <u>Lord</u> and <u>Savior</u> <u>Jesus</u> <u>Christ</u> will be abundantly supplied to you.

BROTHERS	STUMBLE
SISTERS	ENTRANCE
DILIGENT	ETERNAL
CERTAIN	KINGDOM
CALLING	LORD
CHOICE	SAVIOR
PRACTICE	JESUS
NEVER	CHRIST

2 Peter 3:17-18

```
K Y D G D E B E A C B T M
N N R R C J T W O E N R Y
Y O O A T E A M L M R I F
W D R W R Y M O G L O R Y
D G R N L I V N Z T T P W
K E I Y T E S G N D R L K
S T I M D A D D Z O K P D
Y U E R V L R G R D D N X
N N S I R A O R E R Y G L
T L O E U A E S O M W D V
B R T G J D C L E B Y R L
```

You therefore, <u>beloved</u>, knowing this beforehand, be on your <u>guard</u> so that you are not <u>carried</u> <u>away</u> by the <u>error</u> of unscrupulous people and <u>lose</u> your own <u>firm</u> <u>commitment</u>, but <u>grow</u> in the <u>grace</u> and <u>knowledge</u> of our <u>Lord</u> and <u>Savior</u> <u>Jesus</u> Christ. To Him be the <u>glory</u>, both now and to the day of <u>eternity</u>. Amen.

BELOVED
GUARD
CARRIED
AWAY
ERROR
LOSE
FIRM
COMMITMENT

GROW
GRACE
KNOWLEDGE
LORD
SAVIOR
JESUS
GLORY
ETERNITY

1 John 1:1b-2

```
L K N L E B J J P D L T L
P D Y F I T S E T T X I V
F J E D L M E M W P F D Z
L A D L N E T R M E R Y Y
G Y T D A T S I N O Q Q L
H M P H Q E A T W A M L J
T R B M E L V Z I W L Y G
I V N R C R N E O T Y T N
W Y N O B E Y N R L L T R
M W R Z E E Y Q R Q M V B
D P W S N V L M Q K Y T Q
B B D O X R J Q Q R L X G
```

He is the Underlined Word of life. This one who is life itself was revealed to us, and we have seen him. And now we testify and proclaim to you that he is the one who is eternal life. He was with the Father, and then he was revealed to us.

WORD	NOW
LIFE	TESTIFY
ONE	PROCLAIM
ITSELF	ETERNAL
REVEALED	WITH
SEEN	FATHER

1 John 2:1

```
W C P Q Q N E L S P J Z Y
G W H R F L Y U N M R R G
N T W I T A O V Y D L T V
I N D T L E T A C O V D A
T J I T T D E H T R B R N
I L E H H N R T E R T V Z
R S G S O I S E T R J N J
W I E Y U I N H N W Z M
R T N O R S E G A I Y R B
L A K H D S W M S V Q Q L
Y R C N E J T G R M E G P
```

My _little_ _children_, I am _writing_ _these_ _things_ to you so that you may not _sin_. But if _anyone_ _does_ sin, we _have_ an _advocate_ with the _Father_, _Jesus_ _Christ_ the _righteous_.

LITTLE

CHILDREN

WRITING

THESE

THINGS

SIN

ANYONE

DOES

HAVE

ADVOCATE

FATHER

JESUS

CHRIST

RIGHTEOUS

1 John 2:24-25

```
E E W R S G E K B L Y
T T S O E F K E Y N B
E E N I I H G D L T B
R T D L M I T M J R N
N A M I N O H A B L B
A H N N B E R T F L X
L W I E A A D P B Q Q
Y N R R H D R A L E T
G J D R R T Y M M W W
```

Let what you heard from the beginning abide in you. If what you heard from the beginning abides in you, then you too will abide in the Son and in the Father. And this is the promise that he made to us—eternal life.

LET
WHAT
HEARD
BEGINNING
ABIDE
THEN

SON
FATHER
PROMISE
MADE
ETERNAL
LIFE

1 John 3:2-3

```
P U R E Z D Y X T M M
J K N B T J M Q Q L L
T H E M S E L V E S B
Z E R Q S I R H G Y M
F D D B K R O A C J Y
R A L E B P A H L F Q
I M I R E N R E I L N
E G H T W I W R P E Q
N O C O S H U S H P R
D D N T A P Q W E L A
S K V T N R Z T J E L
```

Dear underline{friends}, now we are underline{children} of underline{God}, and underline{what} we will be has not yet been underline{made} underline{known}. But we know that underline{when} Christ underline{appears}, we shall be underline{like} him, for we shall underline{see} him as he is. underline{All} who have this underline{hope} in him underline{purify} underline{themselves}, just as he is underline{pure}.

FRIENDS	APPEARS
CHILDREN	LIKE
GOD	SEE
WHAT	ALL
MADE	HOPE
KNOWN	PURIFY
WHEN	THEMSELVES
CHRIST	PURE

1 John 4:9-10

```
T Y V S D G V L T D B M Q
H E D W A K P Y T R M O T
R V V T B C S L J R N M D
O O J T L G R H D E R J J
U L M X L D T I O N N R T
G A T O N I N G F W N N N
H D G W A K D P M I E T B
L Q L M K E Q B D S C D D
J R O R V D Y N T D S E P
D N G I O Y L N O N Q N V
G J L G X W D P I S M Q T
L L V R T G G S K W K Q T
```

This is how <u>God</u> <u>showed</u> his <u>love</u> <u>among</u> us: He <u>sent</u> his <u>one</u> and <u>only</u> <u>Son</u> into the <u>world</u> that we might <u>live</u> <u>through</u> him. This is love: not that we loved God, but that he loved us and sent his Son as an <u>atoning</u> <u>sacrifice</u> for our <u>sins</u>.

GOD
SHOWED
LOVE
AMONG
SENT
ONE
ONLY

SON
WORLD
LIVE
THROUGH
ATONING
SACRIFICE
SINS

1 John 4:13-16a

```
F T L N D L B M K J G M Z N
W A Y O E O T M S A V I O R
O K T S L V N E V I G N S J
R B M H J E E G O D N U M Z
L T R B E S T I N G S M C X
D Y D P Y R P T L E N O Z X
V Z R L Z F B I J E N E R N
D D T P X B I W R F B N E Z
A Y R T L T O T E I J J D S
M B M L L N L S S B T V T P
Z Z I Y K Y S J X E V D R M
G B T D Y T V L V G T M M M
N G Q V E M R Y M N R W B D
```

By this we <u>know</u> that we <u>abide</u> in him and he in us, because he has <u>given</u> us of his <u>Spirit</u>. And we have <u>seen</u> and do <u>testify</u> that the <u>Father</u> has sent his <u>Son</u> as the <u>Savior</u> of the <u>world</u>. God abides in those who <u>confess</u> that <u>Jesus</u> is the Son of <u>God</u>, and they abide in God. So we have known and <u>believe</u> the <u>love</u> that God has for us.

KNOW	SAVIOR
ABIDE	WORLD
GIVEN	CONFESS
SPIRIT	JESUS
SEEN	GOD
TESTIFY	BELIEVE
FATHER	LOVE
SON	

1 John 5:4-5

```
E N T S J K M N P T N N G V
V V W D T L Y K N Z R W N M
E Y E P P A B J M L K L K W
I Q T I L T E V I C T O R Y
H G B Z L E D F X C G D R Y
C P W B L E Y V E O H P X T
A K Q T Z R B R D D Z I H L
R G T N E D L R O W V R L J
Y A A V X R W K Q L O D E D
B Y E I F A I T H U E S D D
B D K P N X N Z G R U V T V
D Y D D W S J H X S Y N I K
N J G T T K T Z B Y L B R L
```

For every child of God defeats this evil world, and we achieve this victory through our faith. And who can win this battle against the world? Only those who believe that Jesus is the Son of God.

EVERY	THROUGH
CHILD	FAITH
GOD	WIN
DEFEATS	BATTLE
EVIL	AGAINST
WORLD	BELIEVE
ACHIEVE	JESUS
VICTORY	

1 John 5:10-12

```
T D Q M D L K D B R Y K W
Y R N W Q T P E B G T B P
N B J G N E L S T R A E H
O G T O N I S D X T N R N
M R S M E I M O T L K M E
I G W V G E N Z H T I T D
T T E H D I L R M T E F M
S V T A O I V B E R V W E
E Y M M A E Z E N C G O D
T B Z R J V V A N R N G D
J X B M L J L E R B Z O V
L Y W T Q Q M P R M Z B C
```

Those who *believe* in the *Son* of *God* have the *testimony* in their *hearts*. *Those* who do not believe in God have *made* him a *liar* by not believing in the testimony that God has *given* *concerning* his Son. And this is the testimony: God gave us *eternal* life, and this life is in his Son. *Whoever* has the Son has life; whoever does not have the Son of God does not have life.

THOSE
BELIEVE
SON
GOD
TESTIMONY
HEARTS
MADE

LIAR
GIVEN
CONCERNING
ETERNAL
LIFE
WHOEVER

1 John 5:13-14

```
A C C O R D I N G Y N
S D E T E R N A L R X
G S P N W O N L B R X
N R E O S Y I E K S A
I A N N T W L T W P K
H K M H D I S R A E H
T D I E E L I K D L D
L N O V Q T O L I F E
G D E G E D K B Q N T
```

I _write_ these _things_ to you who _believe_ in the _name_ of the _Son_ of _God_, so that you may _know_ that you have _eternal_ life. And this is the _boldness_ we have in him, that if we _ask_ _anything_ _according_ to his _will_, he _hears_ us.

WRITE
THINGS
BELIEVE
NAME
SON
GOD
KNOW
ETERNAL

LIFE
BOLDNESS
ASK
ANYTHING
ACCORDING
WILL
HEARS

1 John 5:19-20

```
G L I E S L N T D D L R N
J N Q B K V R Y X R R J P
J B I Q N E R J Z T P Q L
W X J D W N E R D L I H C
H L Q O N R C Q Y E V Y L
O L P W E A Y O Q N U I N
L J T D O Z T L M W R R B
E R N L N R A S O E S V T
T U M E L N L N R Y O T J
R D V G R I K D J E N Y T
L I O E P Y F D R V D X B
G N T G Q L X E Z Q Y N G
B E P T W R R V T X L Z U
```

We _know_ that we are God's _children_, and that the _whole world_ _lies_ _under_ the _power_ of the _evil_ one. And we know that the _Son_ of _God_ has _come_ and has _given_ us _understanding_ so that we may know him who is _true_; and we are in him who is true, in his Son Jesus Christ. He is the true God and _eternal life_.

KNOW
CHILDREN
WHOLE
WORLD
LIES
UNDER
POWER
EVIL

SON
GOD
COME
GIVEN
UNDERSTANDING
TRUE
ETERNAL
LIFE

Jude 20-21

```
N Z R V L B T T Y B D J Y
K R D L J R L I S Y Q Y B
Z E X X L O R D A A W D L
J W T C H R I S T W F T B
Q O Z D D K T G D R A E D
E P F L E D N S Y L M Y S
L T D A Y A D Y M R I P V
I Q E L I N R O C P I U V
F Z O R E T J T T R R D B
E H Q I N E H G I H E A M
V D R B S A J T Y J E M Y
O F L U L B L V J T P R Y
L M S P X Y L M R Z D D M
```

But you, <u>dear</u> <u>friends</u>, must <u>build</u> each <u>other</u> up in your most <u>holy</u> <u>faith</u>, <u>pray</u> in the <u>power</u> of the Holy <u>Spirit</u>, and <u>await</u> the <u>mercy</u> of our <u>Lord</u> <u>Jesus</u> <u>Christ</u>, who will bring you <u>eternal</u> <u>life</u>. In this way, you will keep yourselves <u>safe</u> in God's <u>love</u>.

DEAR	AWAIT
FRIENDS	MERCY
BUILD	LORD
OTHER	JESUS
HOLY	CHRIST
FAITH	ETERNAL
PRAY	LIFE
POWER	SAFE
SPIRIT	LOVE

Jude 24-25

```
S A V I O R R Y J R Z B W
Q J P S T U M B L I N G X
K Y M R L N N G Y R O L G
P B M O E W O T R D M Y Z
Z R R A G S I I D E B X T
R D O Q J R E N N L A K L
T E V T O E Y N A I Z T Y
T T V H E T S M C X M O B
S S T E L C E T S E J O D
T U I J R L T U Y Q X D D
A G T R E O S B J R W L N
N L Q S H E F M D G V R M
D V S N J C J N J R T D W
```

Now to Him who is able to <u>protect</u> you from <u>stumbling</u>, and to make you <u>stand</u> in the <u>presence</u> of His <u>glory</u>, <u>blameless</u> with <u>great</u> <u>joy</u>, to the only God our <u>Savior</u>, through <u>Jesus</u> <u>Christ</u> our <u>Lord</u>, be glory, <u>majesty</u>, <u>dominion</u>, and <u>authority</u> before all time and now and <u>forever</u>. Amen.

PROTECT	SAVIOR
STUMBLING	JESUS
STAND	CHRIST
PRESENCE	LORD
GLORY	MAJESTY
BLAMELESS	DOMINION
GREAT	AUTHORITY
JOY	FOREVER

Revelation 1:16b-17

```
E T F N T R T X T T Y R
C H X E J E D N H T P J
N G S D L E E O F A C E
A I B H C L U F N U S D
I R M A I G R N K G R J
L D L V H N F D Z Y L M
L P I M W I I D E A D W
I A N A R A T N D T N D
R M L S R S S G G Q X Z
B D T L A F H A N D G L
G M T L T M A N G L M Y
```

His face was like the sun shining in all its brilliance. When I saw him, I fell at his feet as though dead. Then he placed his right hand on me and said: "Do not be afraid. I am the First and the Last."

FACE	THOUGH
SUN	DEAD
SHINING	PLACED
ALL	RIGHT
BRILLIANCE	HAND
SAW	AFRAID
FELL	FIRST
FEET	LAST

Revelation 3:11-12

```
G M X H E G R L S V Y
S X E M O N N N G S Z
J U A L W L E I R R W
E N O O A Z D A M N R
L R R I I S L N O O S
P C W T R L U N W R C
M E I X I O E R E O L
E C T P Y V T V E E D
T T D I A T E C A J D
Q O L E R N I V I Q R
G X H X M W E C J V N
```

I am <u>coming</u> <u>soon</u>. <u>Hold</u> on to what you have, so that no one will take away your <u>crown</u>. All who are <u>victorious</u> will become <u>pillars</u> in the <u>Temple</u> of my <u>God</u>, and they will <u>never</u> have to <u>leave</u> it. And I will <u>write</u> on them the <u>name</u> of my God, and they will be <u>citizens</u> in the <u>city</u> of my God—the new <u>Jerusalem</u> that comes <u>down</u> from <u>heaven</u> from my God.

COMING
SOON
HOLD
CROWN
VICTORIOUS
PILLARS
TEMPLE
GOD
NEVER

LEAVE
WRITE
NAME
CITIZENS
CITY
JERUSALEM
DOWN
HEAVEN

Revelation 17:14

```
B K Q G A C T F N M W V
X E N Z A G A R H R W W
F I C L R I A P R A J G
K O L A T P M I G J N D
R E L H U U N E N X W M
D A F L I S C Q B S X R
L U W R O H E P W I T H
L B T T O W D R O L O T
B Y M S V T E R R V M N
L N E A W L R R E L L K
Y N Q Z L V M R S V R Q
```

They will <u>wage</u> <u>war</u> <u>against</u> the <u>Lamb</u>, but the Lamb will <u>triumph</u> <u>over</u> them <u>because</u> he is <u>Lord</u> of lords and <u>King</u> of kings—and <u>with</u> him will be his <u>called</u>, <u>chosen</u> and <u>faithful</u> <u>followers</u>.

WAGE	LORD
WAR	KING
AGAINST	WITH
LAMB	CALLED
TRIUMPH	CHOSEN
OVER	FAITHFUL
BECAUSE	FOLLOWERS

Revelation 21:5a, 6

```
G E R B E A L Y E F I L Y
N N T S L N T L I Y P R G
I D I P I S O N R E T A W
H S H N R T I R B D N T N
T A P I N S T M H Y D R B
Y O H R H I A I L T Q M G
R T M E I K G E N E K T T
E W D E I N E E V G L N Y
V V E N G R G I B J Y Y J
E D G N F A G S Z J Y G L
```

And the one _sitting_ on the _throne_ said, "Look, I am _making_ _everything_ _new!_" And he also said, "It is _finished_! I am the _Alpha_ and the _Omega_—the _Beginning_ and the _End_. To all who are _thirsty_ I will _give_ _freely_ from the _springs_ of the _water_ of _life_."

SITTING

THRONE

MAKING

EVERYTHING

NEW

FINISHED

ALPHA

OMEGA

BEGINNING

END

THIRSTY

GIVE

FREELY

SPRINGS

WATER

LIFE

ANSWER KEY

1 Samuel 2:35

```
A M R M Y S E L F W P
C B I Y L M R I F R Q
C E F N M A D N I M T
O D S A I T L E D R K
R H E T I S S W A X M
D B O T A T T E A Y D
I E E U N B H E G Y L
N S Q F S I L F R V S
G I N T O E O I U N R
G A B Q N R L N S L M
M R D O G X E Y A H Z
```

2 Samuel 7:12-13

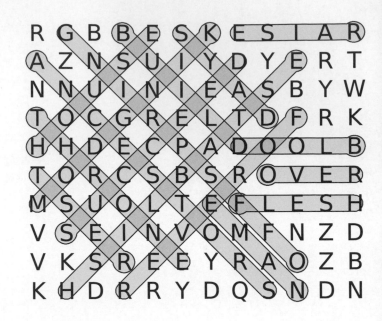

```
R G B B E S K E S I A R
A Z N S U I Y D Y E R T
N N U I N I E A S B Y W
T O C G R E L T D F R K
H H D E C P A D O O L B
T O R C S B S R O V E R
M S U O L T E F L E S H
V S E I N V O M F N Z D
V K S R E E Y R A O Z B
K H D R R Y D Q S N D N
```

Job 19:23-25

```
L N Z V M R E M E E D E R N
I Q O L E A D N M D J R K J
V B J E L Y E Z E R L X T N
E T P Y V T B B Y Y X T G X
S S Q E T A I R E V E R O F
Y M D I N R R S U N J M L X
L N R R C Z T G O P K W E G
K W D S O A W R N L O A J V
X M N V N W I T R E R N V T
W I K D M R Q S R T D L K R
K O R T Y R L A H D Q Q D W
O B N M G M R L D R M X L J
O G W K Z Z D J D R D L M M
B L Q K D V J G L D R B X M
```

Psalm 118:22-24

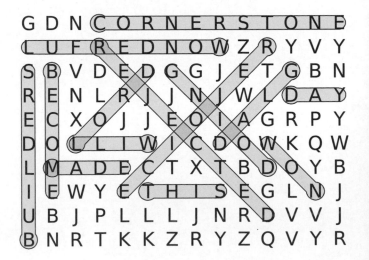

```
G D N C O R N E R S T O N E
L U F R E D N O W Z R Y V Y
S B V D E D G G J E T G N J
R E N L R J J N J W L D A Y
E C X O J J E O I A G R P Y
D O L L I W I C D O W K Q W
L M A D E C T X T B D O Y B
I E W Y E T H I S E G L N J
U B J P L L L J N R D V V J
B N R T K K Z R Y Z Q V Y R
```

Isaiah 4:2

Isaiah 9:1

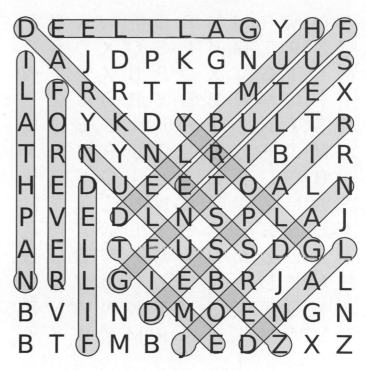

Isaiah 9:2

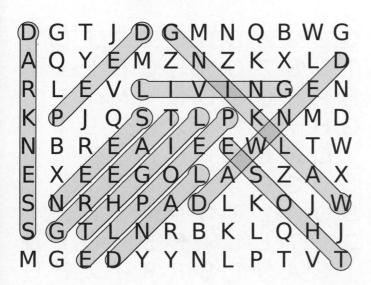

Isaiah 9:6

N S K D Y N J G R L V Y W X V R
M Z O X B J L M L T T Y Y Q P N K
B R R N T N E M N R E V O G K J
T K Q O C R V N R M L K L J O N
E V E R L A S T I N G N N H E Y
W P W V E E L H W K Q R I V T N
O T R Y Z H S L O G Q L I H Z P
N M M I T Y T N E U D G G Q E V
D P D P N B B A U D L I A B V
E T S E R C Z G F O M D C J R J
R Z J M Z R E O B D C E E T T
F D B J L Z Y D B P D P R R R M
U Q T L B Z N R O B N V M N S R
L X Y Z K P Q Y V R X V R D K W

Isaiah 11:10

```
S Q M R M M B D P W N R Z
U D P T M K L E Q X D S Q
O L T G V X O R B X N T W
I P G M N P B Y R O L Z P
R S T R L I R R I D E D N
O M I E Q V L T O R K N T
L B S G B Z A L I O Y B S
G W M Z N N N U E L T T M
J E S S E A Q Y L W A M R
T M D B M N L A A N D D B
H N K D I Y H L D D V N Q
A K Q T K S M T K N W N Z
T V W V J N J R M K W Y T
```

Isaiah 25:7-8a

```
X L B Y N Q C J L P M R M
Q O S R B B J A R T M L D
D R W T E A R S S D T M Z
A D A N J S Y Y C T Q D V
E L L T I A N O L P M X D
R N L N W A V O E P L B G
P R O A F E T O I D N L T
S P W A R L P N H T A E D
Z G C I I L E O U K A B G
D E N E E P J M V O V N T
S G V S I Y Y N L E M L J
Z Y Y W D B L R N M R L D
```

Isaiah 35:2b-3

```
S N O N A B E L T B P B T
Y P H A N D S R D Q S W V
L R L B D N W R R T J L Y
D E O E N C O U R A G E G
C D T M L N L L E N D T M M
S I G R G D N G E V L L J
H R S X A G O S G R E E N
A E K P T C E R S E E N K
R D A H L R K W K B K B R
O J E M T A E R K R L V B
N N W S B N Y J L L V D T
```

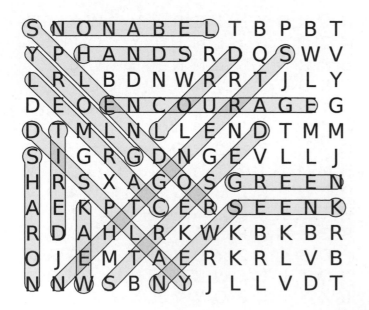

Isaiah 42:1, 3b-4

```
D E G A R U O C S I D F
T U B Z G S H G R L A Y
H P R Q K O N Y M I P T
G H I T P I Z O T L T Y
I O N E H F N H I N T T
L L G C A J F E A T X Z
E D A L T U U V S N A J
D E T L L I R S K O P N
T E A N P E R R T Z H D
R M E R S W M I B I B C
M S W V T Y W N P R C R
S D P D B H J Y T S K E
```

Isaiah 51:5

Isaiah 52:10

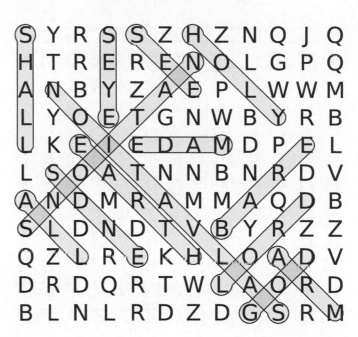

Isaiah 60:16b, 17b

Isaiah 60:19

Jeremiah 23:6

```
S S E N S U O E T H G I R
I C A L L E D D N M D M V
M S Z Z V Y E R N A K B R
W V R I V V S L O Y M L W
V L L A A B A N W L Y E J
H M Z S E J T N Q Q B P
C Q T B M L E H W Y Z Y P
I D K M B D T Y A I L L
H B X X S D Y G T D L W T
W Y M Y M J P L J D U L N
L T A N R N P W N V T I T
X D G X W J L Z D Z R T M
```

Jeremiah 29:11-13

```
E S O H T K D G I V E G Y T
Y M Q X R O T D G Z Y W J K
W O N K O E R F L W H W N N
R R D G P O T Z I O D R K
M G X T L D Q S L N O V B J
Y B P R V N Z E A O D J V
M D D H E S H N K S R M P
M B O T L E Y Q R U I W M P
Y P S P A V P A T D L D L K
E I G R R W L U D J R A V G
L N T L N A F K B T N R J Q
N E T L L R Y W L S K J B Y
D J Y K P P R T D J G Y P W
```

Jeremiah 31:31

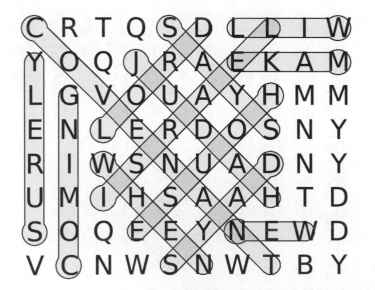

```
C R T Q S D L L I W
Y O Q J R A E K A M
L G V O U A Y H M M
E N L E R D O S N Y
R I W S N U A D N Y
U M I H S A A H T D
S O Q E E Y N E W D
V C N W S N W T B Y
```

Micah 5:4-5a

```
H E N D S H K D M Y
T M B I T G R E A T
G L A R A E S I R A
N P A J H M F Q W L
E E E P E L E D J D
R M E A O S R R Y B
T H A C C O T E N O
S J K N L E Z Y J V
```

Haggai 2:6-7

```
N S E R T F K Z Z J J
S N P M I Q T J J J B
N E L O W H I L E L
E O I L R E C N S R O A
V T B E U N T Z R E Z
A A L K D S D D S M P
E N A O H A O P L E
H D T H L R O E B A M
M R L S J A Y U R G N
Z Y L W X T N T S T G
Y L E R W R H D Z E K
```

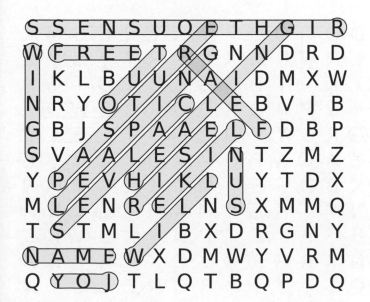

Malachi 4:2

```
S S E N S U O E T H G I R
W F R E E T R G N N N D R D
I K L B U U N A I D M X W
N R Y O T I C L E B V J B
G B J S P A A E L F D B P
S V A A L E S I N T Z M Z
Y P E V H I K D U Y T D X
M L E N R E L N S X M M Q
T S T M L I B X D R G N Y
N A M E W X D M W Y V R M
Q Y O T L Q T B Q P D Q
```

Malachi 3:1

```
R G P V T B M B G R Z L
E L T R R K D D Q R L
G B Z Q N E M O C J G G
N Y M V V A M X A Q N X
E S U D D E N L Y I N T
S P Y N R M M E K T E D
S R R O D I R E V M R E
E N F E G S E T P O R Y
M E W H P S E L L I C L
B A T B Q A E N S B Z B
Y Y J K Y P R E D K Y K
N N J M M W D E Z R R T
```

Matthew 3:16-17

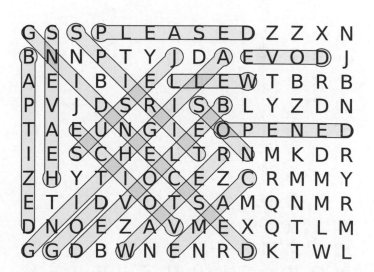

```
G S S P L E A S E D Z Z X N
B N N P T Y J D A E V O D J
A E I B I E L L E W T B R B
P V J D S R I S B L Y Z D
T A E U N G I E O P E N E D
I E S C H E L T R N M K D R
Z H Y T I O C E Z C R M M Y
E T I D V O T S A M Q N M R
D N O E Z A V M E X Q T L M
G G D B W N E N R D K T W L
```

Matthew 11:28-30

```
B P S R E K A T T Z
J U E L L E A S Y W
L S R E U E C O M E
T I Q D L O A Z Y H
Y L G A E T S R E R
D L B H N N A N H
E O W E T Y V E E L
R V D O O Y Q A G J
Q A I K L M R Y J N
L P E G Y T Q Y B L
```

Matthew 12:17-18

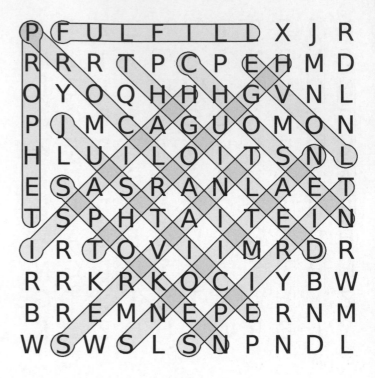

```
P F U L F I L D X J R
R R R T P C P E H M D
O Y O Q H H H G V N L
P J M C A G U O M O N
H L U I L O I T S N L
E S A S R A N L A E T
T S P H T A I T E I N
I R T O V I I M R D R
R R K R K O C I B W
B R E M N E P E R N M
W S W S L S N P N D L
```

Matthew 12:20-21

```
B X Y V Q U E N C H K B B L
L P P I T D Z N T A B S Z
L B B C X W R L E K B E B T
N Y Z T R B D R B Y L R V D
S V Q O N D B D T I U Y D M
M M N R Q D W M T I R V E T
T Y O Y T I N N S Y B C D Z
J Y B L C N E E G L I T N U
S E N K D G D Y L T R M Y D
B M M B E R Q S D Q E D D
N Q B A G D R U Z J B R E H
I Q T Y N T I I N Z P G O D
R M L J N T V L N Y L P J Q
B J P J L V Q M B G E N T R
```

Matthew 24:30-31

```
D Q G Q Q P T R I B E S M K
L N N R N X L Z R Y J O Y Z
Y K I T P S G B R T U T G K
Y N M R Q R D O R R E W O P
G R O Y E N L U N T C E L E
Z A C A P G M R O B L R J B
K B T S S P M T K L R Y M N
N M I H E L M X M J O K E A
B G R T E T E N Y K B V P Z
N R R G R R V G X B A P S X
Q T J Y T Y R Q N E E O Y N
X K M T Z P N Z H A N Z L Z
N B D Z G J X D R Z X M G R
```

Mark 4:30-32

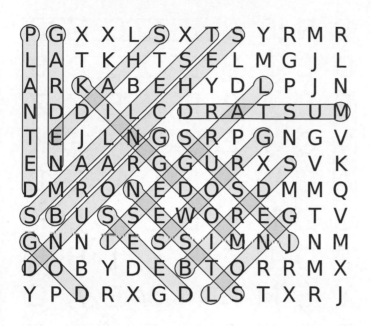

Luke 1:32-33

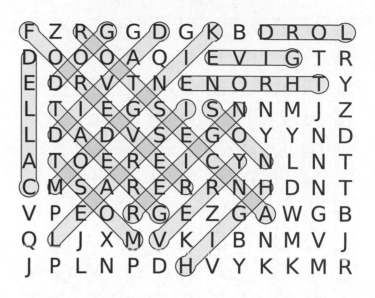

Luke 1:67-69

Luke 12:36

John 1:1-5

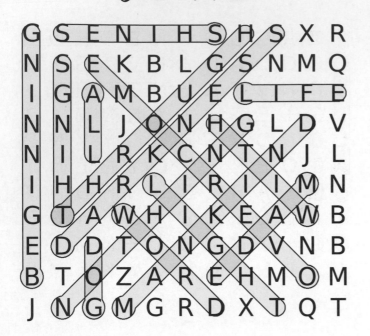

John 1:12-13

John 1:14

John 3:16-17

John 3:35-36a

```
S E V E R Y T H I N G
F D M Z W W L T O S Y
L A N R E T E O E H I
I N T A G D M V V N W
F Y G H H B E R T E T
E O G Z E I Y O Y U S
D N M G L R R P P D B
J E P E W D Z N O S M
W X B N Y M N Q T R D
```

John 4:13-14

```
T S M M Y A B S J Z S M V V
D L P J D G T M O U L B N K
W X X R M A T T S O E Y J T
Q E T B I I V E Y H D T T T
B T Q H U N J V I M L Q Q B
A E J F I B G G R R N V V W
N R C Y R R B R L I F E V X
Y N R O E E S L H D R I N K
O A W V M X S T I W A T E R
N L E R Z E I H Y N Y B Q J
E N P Q B W S K N N G T R L
```

John 4:36

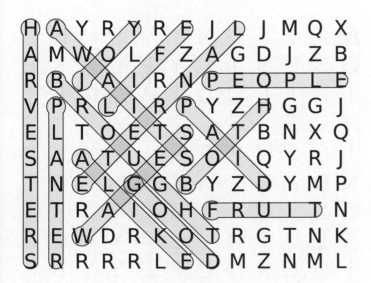

```
H A Y R Y R E J D J M Q X
A M W O L F Z A G D J Z B
R B J A I R N P E O P L E
V P R L I R P Y Z H G G J
E L T O E T S A T B N X Q
S A T U E S O I Q Y R J P
T N E L G G B Y Z D Y M P
E T R A I O H F R U I T N
R E W D R K O T R G T N K
S R R R L E D M Z N M L
```

John 5:24

```
H N N Y D A E R L A S J J Y
T E D E X R J T M T H N D Q
U T G Q T R N L E T V E I K
R E L A D S Z E A R N K B S
T L I M S P I E V M N E V Z
Y L I F G Q S D L E E L A N
M M E D D E D D I R B L L
D P M X E L N M E M P Z Z K
M Q Y S W O B V V T D T N
R Y S T C L E L X K R Z M
D A Q T N T B J D I R J J G
P O J K D E L R D T D T T Y
X K G L W J S J Q Y L M X Y
```

John 5:25

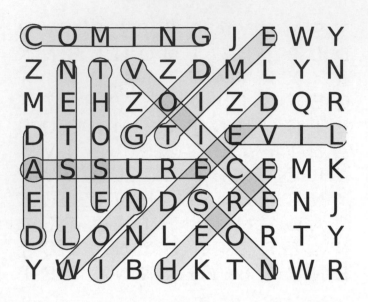

John 6:27

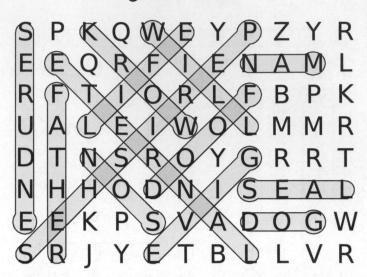

John 6:35

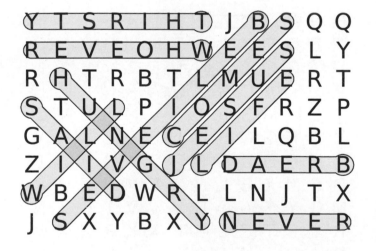

John 6:39-40

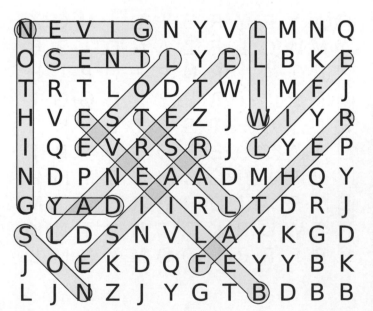

John 6:47-50

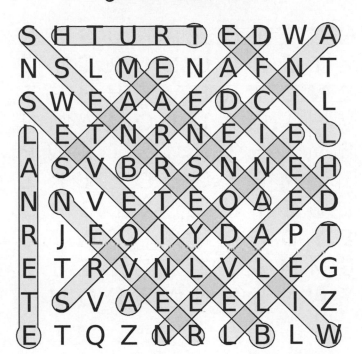

John 6:51

John 8:12

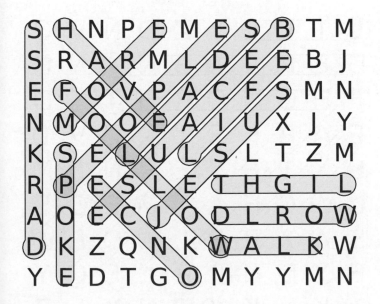

John 10:8-9

John 10:27-29

John 11:25-26

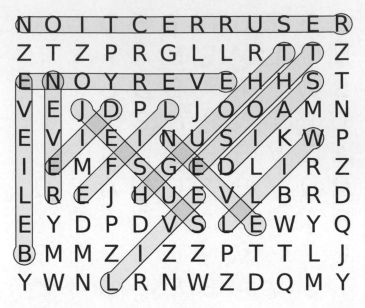

John 14:1-3

John 14:6-7

John 14:12-14

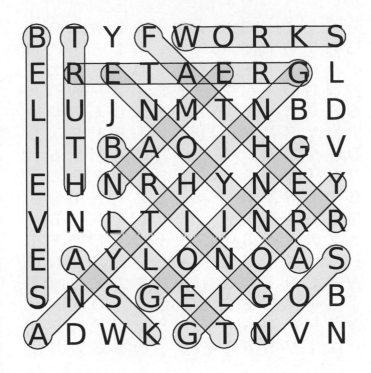

```
B T Y F W O R K S
E R E T A E R G L
L U J N M T N B D
I T B A O I H G V
E H N R H Y N E Y
V N L T I I N R B
E A Y L O N O A S
S N S G E L G O B
A D W K G T N V N
```

John 14:26-27

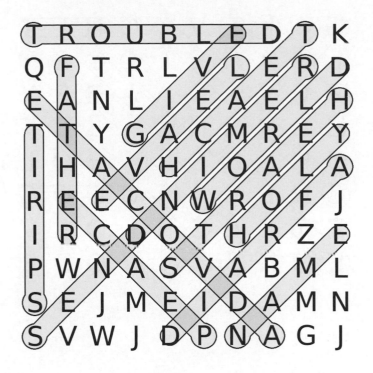

```
T R O U B L E D T K
Q F T R L V L E R D
E A N L I E A E L H
T T Y G A C M R E Y
I H A V H I O A L A
R E E C N W R O F J
I R C D O T H R Z E
P W N A S V A B M L
S E J M E I D A M N
S V W J D P N A G J
```

John 15:1-3

```
R E C U D O R P R G D M M B
A E N B M J P A Y E R T R T
P L N I J E E Q I L Z R T N
R N R E V B S F B R A N C H
U E J E D E I S V D N Y D M
N L H L A R P T A T Q P M T
E Y E T U D A A Y G T L R N
S E R P A M Y G R I E D K G
T U O E I F R B U G K P Y M
U R T M N V Y Q R W Z T L Z L
C T E T M E F N V D Y K Z T
```

John 16:33

```
T A K E T T T O
P Q W O S R V T
E E L O O E T N
V D A U R H H T
A U B C I L R T
H L O N E A D M
E M G Y E R A W
E S D H D Y P D
```

John 17:2b-3

```
G W K E V T O N L Y
L I A N S L L Y G M
Z C V I O A A H R Y
H S R E N W T L D T
T H U R S R I E Q L
C N E S A F U D O G
Z T E E E R L Q L V
E M N S T J V Q D R
```

Acts 3:25-26

```
B G T T J Q M V O V D Z N Z D B
L N I T Q D Q J F J L N L T W M
E I M P R E F X D D Y B T B K K
S N D Q S K W Y E Z M W Q X
S R G W B P C S Y D D P W B D
E U Y R T X C I I Y L R L R Y B
D I D N V A O G W T P M V B N
N N T R A R E O V S K B B F B J
G J K N V N D A E E Z M A T S Z
M A H A R B A L R B N T S T B Y
X Z K Y B Z G B T H A E E Y Z L
H V J X S O B N M E H H N Y N Q
W E G Q E J Z J R R P W X T J T
J Z I P M B Z S L O B A D X X R
W Z M R L R M V R K V Y Z K B K
R X J W S P T P W J W S G N N J
```

Acts 4:12

```
N X N Y B N Z D O V G M T
S A L V A T I O N T D M E
U Y T K R E K V D Y H M L
R N R Z Z Q L M V R A E A
B M D B M X L S D N V M R
Q O N E V I G W E E O D M
R R N H B G H D J N V U N
R N T B K E I N L G Q S A W
B A V M C A L Y N T G P S
Q L B H L Z V R M Q X N P
N S Q L K K Q E Y V G Q Z
Y R W B J N X B N M G L D
```

Acts 5:31-32

```
W F O R G I V E N E S S B
O I T E M Z C D C J T M M
S N T Q X N L N T Z J D R
I P E N I A A S A V I O R
S H I R E T L R I G H T D
R A P R N S T T M L Z N K
A N S E I N S Y E Y Y N T
E D P I A T L E E D W L Z
L E X R N O J B S G O D L
R P G Z H S O R K V B M J
```

Acts 13:22-24

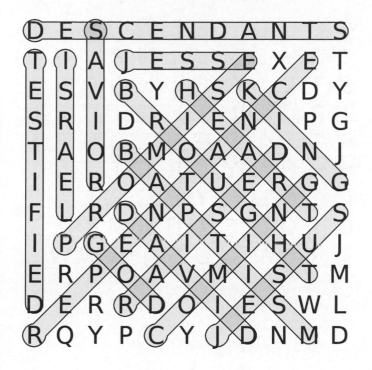

Acts 17:31

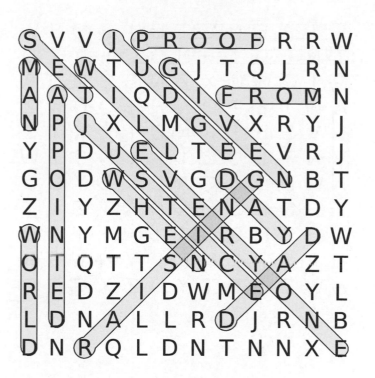

Romans 3:23-24

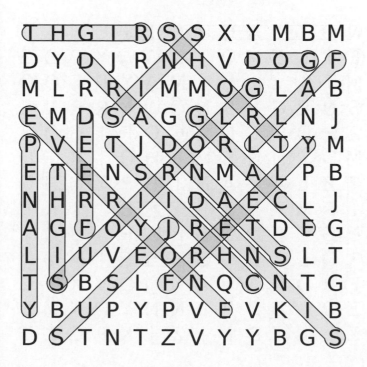

Romans 5:2

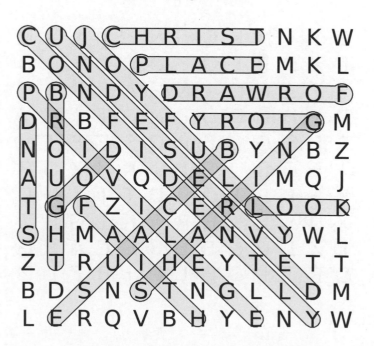

Romans 5:3-5a

```
S T R E N G T H J E P B W
I N E D I F N O C L R T D
S J R W W X Z N E E N U R
A M T E T O A H J Q D N Z
L V E B T R N O J E K Y Z
V N T L U C I K V N S T W
A W D D B C A E X L Y D Q
T H N B E O L R A T Z K T
I E O M G O R I A J J B D
O P Z P P M R P Y H L G R
N W Z J E T Y D Z X C T D
```

Romans 5:6-8

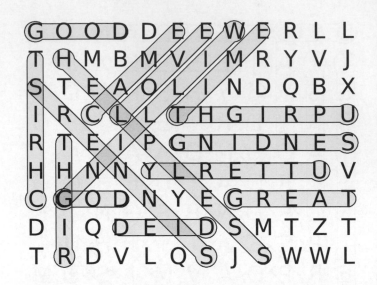

```
G O O D D E E W E R L L
T H M B M V I M R Y V J
S T E A O L I N D Q B X
I R C L L T H G I R P U
R T E I P G N I D N E S
H H N N Y L R E T T U V
C G O D N Y E G R E A T
D I Q D E I D S M T Z T
T R D V L Q S J S W W L
```

Romans 5:21

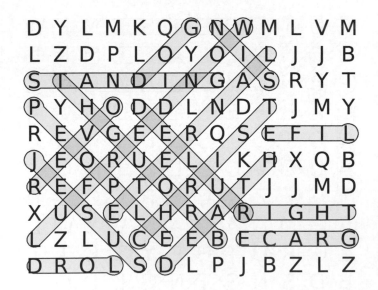

```
D Y L M K Q G N W M L V M
L Z D P L O Y O I D J J B
S T A N D I N G A S R Y T
P Y H O D D L N D T J M Y
R E V G E E R Q S E F I L
J E O R U E L I K H X Q B
R E F P T O R U T J J M D
X U S E L H R A R I G H T
L Z L U C E E B E C A R G
D R O L S D L P J B Z L Z
```

Romans 6:22-23

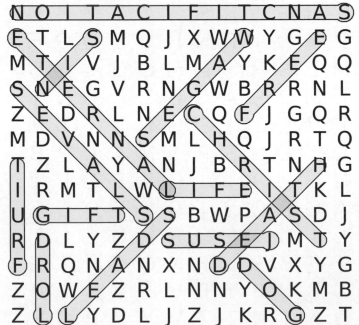

```
N O I T A C I F I T C N A S
E T L S M Q J X W W Y G E G
M T I V J B L M A Y K E Q Q
S N E G V R N G W B R R N L
Z E D R L N E C Q F J G Q R
M D V N N S M L H Q J R T Q
T Z L A Y A N J B R T N H G
I R M T L W L I F E I T K L
U G I F T S S B W P A S D J
R D L Y Z D S U S E J M T Y
F R Q N A N X N D D V X Y G
Z O W E Z R L N N Y O K M B
Z L L Y D L J Z J K R G Z T
```

Romans 8:18-19

```
E D E L A E V E R S D
C X L R J W G R U O C
R R P G E L A F G O K
E N T E O D F I M L P
A P E R C E I P T R Y
T W Y R R T A S E S W
I E O I D R A S N I P
O A N R I L E T L O L
N G Y N T N I L I T C
S E G T T H X H K O J
R R L M K R L J C W N
```

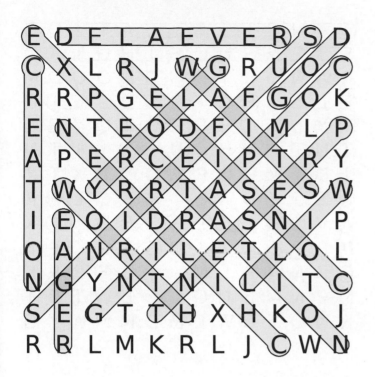

Romans 8:23-25

```
F A T I B O D I E S D B L
I M D D N D T G T E M R P
R E Z O Y W T R V Q D P N
S A C Y P M A A M T W O G
T G R Y D T S R I B I J T
F E E G B N I R D T Q B E
R R A Q N L I O P Q T C D
U D T V D P W M N I N N N
I H I G S M E N A E X N J
T D O N R D P W I S D J J
S B N P E O R T D Y E L T
T W M R E K A K R J M E L
Q Q M Z L P Z N N T B X N
```

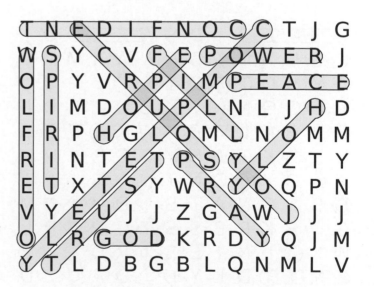

Romans 8:38-39

```
S E P A R A T E K E R M T
Y S N O M E D G O D V W D
K C F E P S Y P B Z Y O N
Z M O U I R L D O P B O L
K Y Y N T T Q E T W I Y D
E F I L V U H T G T E E J
T D M W P I R E A N A R C
R H P R Y N E R T A H S
L P G E E N R C H D R B H
O L B I S C D T E I J T W
R T K K E U Q N S D P T T
D Z M L N H S T P E Q L R
B Z X B T B Y R D Y M V Q
```

Romans 15:13

```
T N E D I F N O C C T J G
W S Y C V F E P O W E R J
O P Y V R P I M P E A C E
L I M D O U P L N L J H D
F R P H G L O M L N O M M
R I N T E T P S Y L Z T Y
E T X T S Y W R Y O Q P N
V Y E U J J Z G A W J J J
O L R G O D K R D Y Q J M
Y T L D B G B L Q N M L V
```

1 Corinthians 1:22-24

```
S S C A L L E D Z J S
E R G T R E W O P E I J
N U T E U T Q M W G M L
H C G N N M G S N D B C
S I M R T T B S T N H D
I F O Z E J I L H R L Z
L I D B D E H L I T B X
O E S L B C K S E N O R
O D I G A L T S G S G B
F L W E O M O B M D M D
F V R Q M D B C B T D L
T P T M Y Z X L K G D N
```

1 Corinthians 1:30-31

```
S A N C T I F I C A T I O N
S S E N S U O E T H G I R Q
N W N O E Y D G O D Q Q D M
E L G I B C T R S U S E J D
T Y L T C E R R O T Q Y G L
T N T P M H C U S L Y J T N
I D T M R Q R A O Y P X T Z
R Z D E D W O I M S Q L W R
W V D D L B L R S E D I D X
M R P E D X P G T S L I L P
O R N R L M J D F R K K
M P N M B N Q L O E W T B T
N N Q T N W L M D M M W Y G
```

1 Corinthians 4:5

```
C O M E S J D S W A I T Q J
Q G N X Y L S D N W X M M V
W M M D T E Q Y R P Y P B J
L G Q Q N N Y X E O W R D L
R Y E K L W E R W K L P T Q
D R R K T W S M R G R Y M N
K A O Y P O N T G A N J V J
D B F G N A T S I D N I N M
G D E K R B S S T G U E R L
W X B L N J E S T R D J H B
E M I T D L Y H I D A U Z D
N J G B R Y G N I N M E T M
M T J G T I R H Y A G T H R
Y Z R X L L D J N Y P J W W
```

1 Corinthians 15:20-21

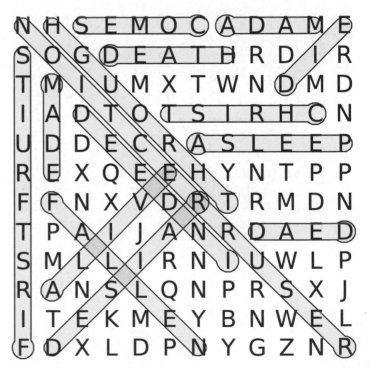

```
N H S E M O C A D A M E
S O G D E A T H R D I R
T M I U M X T W N D M D
I A D T O T S I R H O N
U D D E C R A S L E E P
R E X Q E E H Y N T P P
F N X V D R T R M D N
T P A I J A N R D A E D
S M L L I R N I U W L P
R A N S L Q N P R S X J
I T E K M E Y B N W E L
F D X L D P N Y G Z N R
```

1 Corinthians 15:47-49

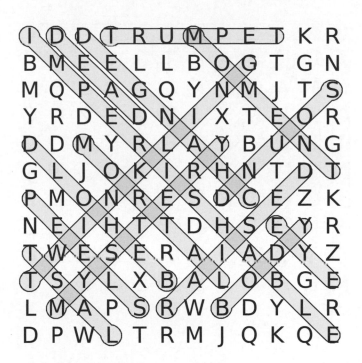

1 Corinthians 15:51-53

1 Corinthians 15:58

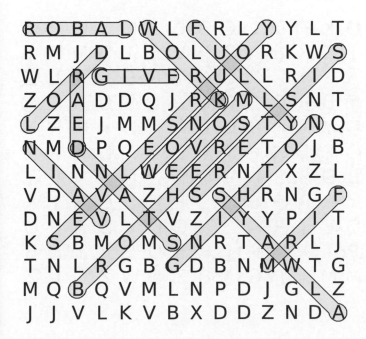

2 Corinthians 1:9-10

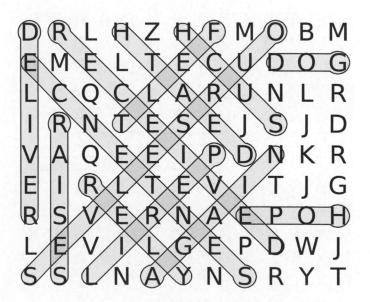

2 Corinthians 1:21-22

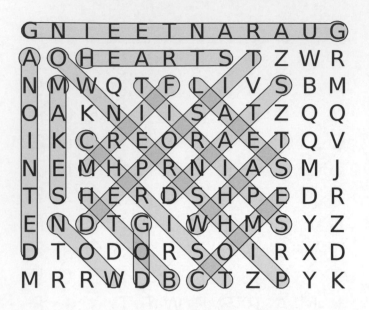

```
G N I E E T N A R A U G
A O H E A R T S T Z W R
N M W Q T F L I V S B M
O A K N I I S A T Z Q Q
I K C R E O R A E T Q V
N E M H P R N I A S M J
T S H E R D S H P E D R
E N D T G I W H M S Y Z
D T O D O R S O I R X D
M R R W D B C T Z P Y K
```

2 Corinthians 3:12-13

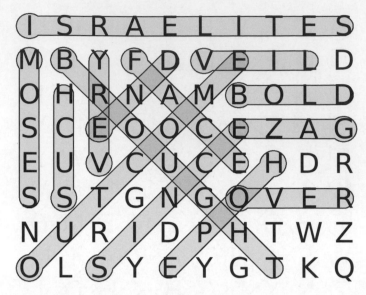

```
I S R A E L I T E S
M B Y F D V E I D D
O H R N A M B O L D
S C E O O C E Z A G
E U V C U C E H D R
S S T G N G O V E R
N U R I D P H T W Z
O L S Y E Y G T K Q
```

2 Corinthians 4:5-6

```
H E A R T S S Z R Y D R R B R
O L V K L Z N N M T K D T G
S U Z B N B Y L D D I S T L
T Y R B L O R D J S H M M R
N G K S Y B W R P I S A K E
A B T Y E G K L N S W Z M X
V T D H L L A E E L I G H T
R B S O C Y V N P D K N Q L
E R R I E A K E S E G V L M
S Y T D R R E U S V C E J X
L X R Z A H S R D I B A T G
R X J D J E C R P G B T F W
L Y G R J N K L G V Z G L T
```

2 Corinthians 4:8-10

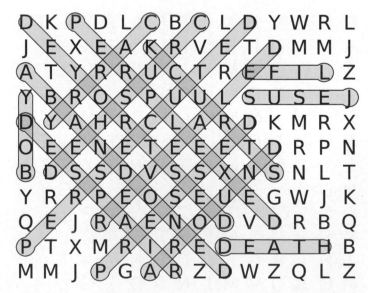

```
D K P D L C B C L D Y W R L
J E X E A K R V E T D M M J
A T Y R R U C T R E F I L Z
Y B R O S P U U L S U S E J
D Y A H R C L A R D K M R X
O E E N E T E E E T D R P N
B D S S D V S S X N S N L T
Y R R P E O S E U E G W J K
Q E J R A E N O D V D R B Q
P T X M R I R E D E A T H B
M M J P G A R Z D W Z Q L Z
```

2 Corinthians 4:17-18

```
O T P R L O N G R Q T
E U R R E W Y D P N B
C G T O E V L L A M S
U V A W U S E L O O K
D G A Z E B E R N M L
O L F S E I L N O K N
R O I Q T N G E T F B
P R X S E L N H S Y D
T Y A E D O Y Z S G Y
K L S N G Y Y N D Q D
```

2 Corinthians 5:16-17

```
A Q N R E G A R D E
C C L O N G E R R G
H P C E I E O R V
R A W O C T F M D Y
I S N N R E A L O F
S S O Y R D O E L C
T E E E O H I E R A
Z D H V E N S N W C
T T L B E H E A G R
L V Q O N N Y N M Y
```

Galatians 5:5-6

```
T S S E N S U O E T H G I R
W S V A L U E L X T V E C R
T Z I N R R Z J N E A I Z J
M I G R N B R W X G R L B Z
N M A M H K D P E C T Y J Q
S V J W L C R R U I P K V D
T T M Q A E L M R P W B J B
N H N V S Y C I N Y Z N X N
U X R S L I P F M H B D J
O J I O S S G L A W O E B B
C N D I U B W O M I S P R M
G V O B M G P V M U T B E T
M N M B L Y H E S Y N H J B
```

Ephesians 1:11-12

```
P R E D E S T I N E D L
E S I A R P P H R B I T
C L L A B U O D G N D J
O Q R Y R P Z P H L R Z
U R R P E G L E O T Z R
N S O R L K R B W I L L
S S G O Q I T W M W G T
E Q R N T A R S O Z S M
L Y B A I B M D I R L P
Y K N N R H J X I R K J
R C E V Q R T F W L H S
E D N Z W D D M Y G N C
```

Ephesians 1:17-19

```
O W R Z P M G Z J Y R B B P W N
N E R X W J Q Q L Y J D L M I Y
O D N Y R Q D J N M G Q K N P G
I E V E I L E B Z N P S H T M N
T I B D T G X M J B P E O N J D
A D E Q R H Z Z T I R T W R B Y
L L G S T D G M R I S I N W O D
E V J L U Z M I T R S A X B Z L
V T L J O S T A L D C D I E R L
E S R D V R N L O N L A P N Q M
R E T D P C I M Z R E O L C T T
W H L R E J M O E T H L H L D S
T G P A R D W U Y O R D L E Z
L I M M B E O J N S I D T B L D
R R T L P P H R W S J Z M J D Y
L W R R B B D G T Y N T D N X R
```

Ephesians 1:22-23

Ephesians 2:8-10

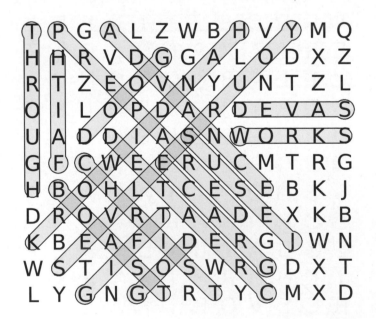

Ephesians 2:12b-13

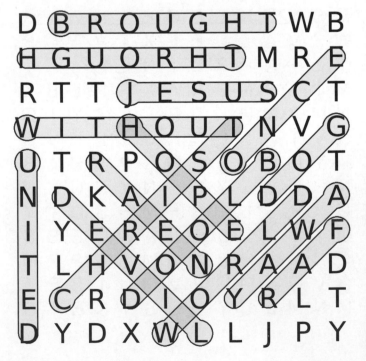

Ephesians 2:19-20

```
T B Z M M T F S T E H P O R P N
B D T W M T M O V Y L B N J Y B
S N B T R E N Y R N T S P R G L
M R Q P M Z X N O E E X B Y K V
Y V E B W J T I D L I N G D J M
N R E G N B T L T D O G L M V Y
Q R L T N A X S M T Y O N J K R
S E G L D A O R S T H L M E Q D
T L Y N Q P R R R E S N O G R D
J P U K A F E T S L F I D D J S
N O N W E N D U S E T J R M N V
F E V I R M O N L I R E T H M B
T P H O M H M L Z M Y S L K C T
K C C N L X O E Y R B U Z Y G L
G P B B J W N Y N Y V S M Y P G
M N M L K S X Y W M Y P Y T Q Y
```

Ephesians 3:16-17

```
S T O O R V M B Z D R J P
J Y Y M Y K D R V E D B R
H T G N E R T S N D Q T J
P J N T Y T N N E M S D D
S R G J R M I T Q I T X I
G E A L M U I D R Y H G F
L M C Y R M S H H E R T T
O M Y R I E C T A O I L G
R K P L U L W R W R M M N
I K N Y O O T O I I L O E
O U X V L S S P P R N L N
U L E Y P R S E T M G J D
S M X R X V G S R M E Q D
```

Ephesians 4:4-7

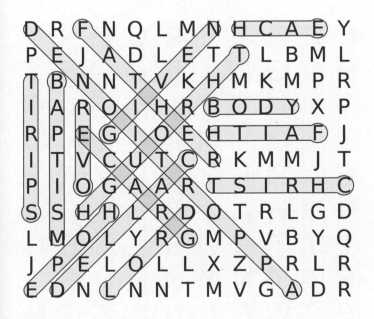

```
D R F N Q L M N H C A E Y
P E J A D L E T T L B M L
T B N N T V K H M K M P R
I A R O I H R B O D Y X P
P E G I O E H T I A F J
T V C U T C R K M M J T
I O G A A R T S I R H C
S H H L R D O T R L G D
L M O L Y R G M P V B Y Q
J P E L O L L X Z P R L R
E D N L N N T M V G A D R
```

Ephesians 5:8-10

```
N R R D D L D T D R M T Q
E Y Y Y D X B A J D F Y R
Q C H I L D R E N R N Z M
Y V N M Z K Z T U R N I J
M M V O N X M I M M X Q F
R B P E P D T Z N N L L L
D D S V L M G B B T W D R
V S W K E T H G I L N L G
T T J J A R Z N D U I O Q
H R Z Q S M O R O V O V X
G U T N I W O F E D T J W
I E K L N L R Y Y J N R Z
B Q R G M D V P W R W Q Y
```

Philippians 3:13-14

```
C G D D B R J Y T K W V N
O J N F A Z B S T D Q P L
N X I I O E I Y T B S N Y
S P H Y T R H O J T L Q Y
I R E D H T W A R S E I L
D B C S A E A Y D R L J
E Z B J R S I G R G O A L
R L D E N E A R D T Z B
B L G L I S W R L O G V T
M O M N A P U N P P F J J
D T G J U C B S V Z T T Y
```

Philippians 3:20-21

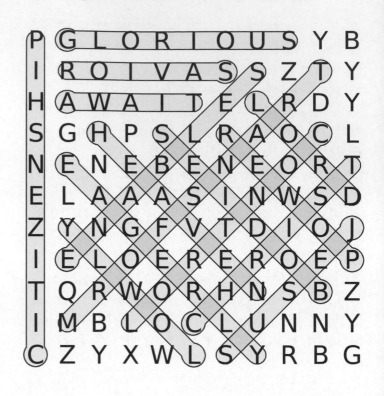

```
P G L O R I O U S Y B
I R O I V A S S Z T Y
H A W A I T E L R D Y
S G H P S L R A O C L
N E N E B E N E O R T
E L A A A S I N W S D
Z Y N G F V T D I O I
I E L O E R E R O E P
T Q R W O R H N S B Z
I M B L O C L U N N Y
C Z Y X W L S Y R B G
```

Philippians 4:6-7

```
S N S P E L B L R D Y N U
D O U R V H T Z R D Z N S
E I O E E J E A T N D U P
C T I R S U A O E S T W
N I X E G T I R E D L Y
A T N T B T S J T B R M
R P A T X A T J E R S I
A T B G U A P C E U N P N
R O T N M E Y H D Q R G
T D I D N J A T S R L E K
T S I K T R C T B N I R R
L N T Y P D E V V V M S B
G T L M K M M L D T N M T
```

Philippians 4:12-13

```
C N H T E R C E S Y
O O G N I E B A H Y
N I U T Y J T T L G
T T O L M R G N I L
E A R E P N E V A Y
N U H A E L E V R W
T I T R W S E G E N
F T N Y O N N E J
E S W E L U N E T M
D V T D H T D K T Y
```

Colossians 1:3-5a

Colossians 1:13-14

Colossians 1:18b-20a

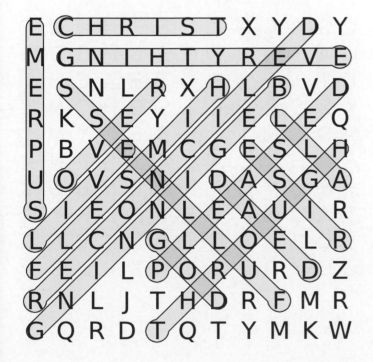

Colossians 1:22-23a

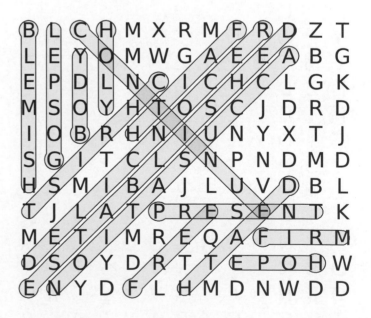

Colossians 1:26-27

```
G E N E R A T I O N S
A S S U R A N C E E Z
D E G A S S E M I V V
E V S E D O G R D T Q
L P X E N S U I G Y Y
A T E G C T E N V W D
E S M O N R I H G E B
V I E E P R E L C K S
E R C V A L O T E I D
R H Q H I R E P M S R
T C S N Y L T T Z T X
```

Colossians 2:6-7

```
S D D W M L G G W H K H
S E R T O Z N V T K T K
E T E R L O L I R U Z M
N P D U R J A G R O W L
L E F T N F S T M Z V O
U C S O R I C E X M V R
F A S L L P T H V E K B
K U R D L N N R I U W
N S O O Z O F O I L D
A E O W Y L W L C S T
H J T N O N T M D M T
T Q Y S W V D D J M J D
```

Colossians 3:2-4

```
Y P W J D L Y T J R P W B
L M T Z J T Z R H D I E D
H Z D B Z L Q T T I W Q L
M I D E L A E V E R N T M
G I D Y T S T F J V S G B
J O N D T Y I T Q I O V S
L M D D E L R E R N V B G
R R L R S N A H R R V L A
T Y N M Q R C O D Z O L R
D B N D T Y N V S R Z U T
Q K N H L Z N V Y L O N W
J Z G T G T R W Y R A J B
```

Colossians 3:16

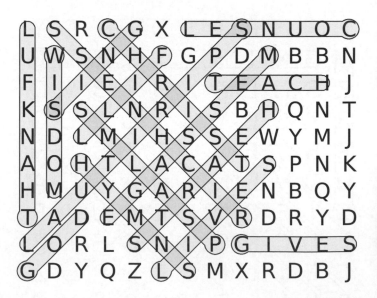

```
L S R C G X L E S N U O C
U W S N H F G P D M B B N
F I I E I R I T E A C H J
K S S L N R I S B H Q N T
N A D L M I H S S E W Y M J
A O H T L A C A T S P N K
H M U Y G A R I E N B Q Y
T A D E M T S V R D R Y D
L O R L S N I P G I V E S
G D Y Q Z L S M X R D B J
```

1 Thessalonians 1:2-3

```
S S E N T S A F D A E T S
G W G E V O L E P O H N X
L N Y O T V R R M M B L Z
M T I L D R A S M H R K L
T S Q R T Y K S T J R Y B
F I P R E N R I U O Q Y M
A R R R A B A B W S Q L T
T H S H L F M T M L E V L
H C T E A Z L E S Y N J Q
E D M V B L T O M N Y V L
R Y N I O Q M P R E O D T
D V Y G R Y M V Q D R C Q
```

1 Thessalonians 5:8-9

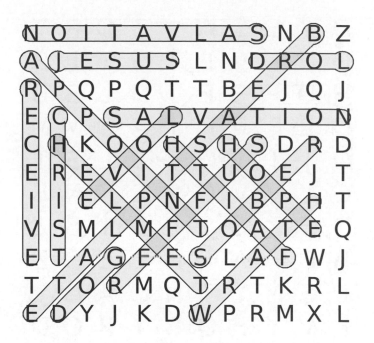

```
N O I T A V L A S N B Z
A J E S U S L N D R O L
R P Q P Q T T B E J Q J
E C P S A L V A T I O N
C H K O O H S H S D R D
R E R E V I T T U O E J T
I E L P N F I B P H T
I V S M L M F T O A T E Q
E T A G E E S L A F W J
T T O R M Q T R T K R L
E D Y J K D W P R M X L
```

2 Thessalonians 2:16-17

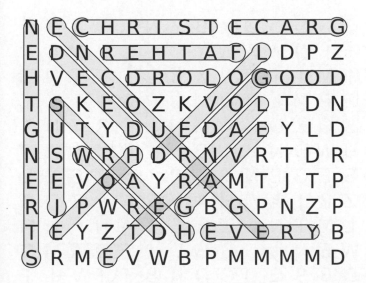

```
N E C H R I S T E C A R G
E D N R E H T A F L D P Z
H V E C D R O L O G O O D
T S K E O Z K V O L T D N
G U T Y D U E D A E Y L D
N S W R H D R N V R T D R
E E V O A Y R A M T J T P
R J P W R E G B G P N Z P
T E Y Z T D H E V E R Y B
S R M E V W B P M M M M D
```

1 Timothy 2:3-6

```
Z L S Z R Z D P R L L Y Z N M N
Y Q E Y R E W M J N M T T P Y R
B P S W Q T C D E K G H B Z T N
D T A M Q Q Z O R G G O G Z Y H
B R E R Q Q U N N I A Q D T Z I
M Z L M Z D K N R C L S I R L L
L E P R O T L Q D J I N S Q R P
S Z D Y R D L R B E A L M E U T
A T B I B M E T O M R G E R M
B S W A J M E U W O S C L D W
I W W I E T K H R O D H T H T D
O D Y S R M O V D F A J T A L T
R T U P V H P B J S Q U T W N R
R S P L P R O R E T R V P Z R D
Z B B L Q Q Q Z T T Y R D N Z B
```

1 Timothy 4:10

D Y E S A V I O R Y Y
D N L V L T S T L B
H O P E E T H L B B
D L R E R I A O M M
O J I I O I L L S T
G Y V V C P L E N E
D E Z E I L L I B Z
B D P W W N L E O Z
L S N Y T N G A D T
E V Y E Q B Y R Q D

1 Timothy 6:11a-12

E T R I G H T E O U S Z Z
J C R F Z V R Q R P E Y Y R
X D N U I V Z H P S Z P V D
P G B A E G T M S Y L D O G
D Z E D R I H E C A L L E D
P E B N A E N T D P B G R L
U D C F T T V L A N R E T E
R D M L I L L E O L X T M W
S B O W A I E K S S V G Z V
U G L O F R Y L B R E W L P
E V R E G Q E Q T N E X G Q
L L N R J P R D N V Y P L T

2 Timothy 1:9

M M T S I R H O P B T D J
B E F O R E M V E D V K P
G Z Z T V D L G R P T D H
I A N Y T H I N G B D O J
V L D V L N Y D E T L T X
E I M Q N T E C E Y I R X
N F D I L M A S G L N M G
Y E N N P U Z K O G L S E
N G R D S N Y S R P U A Q
G J O E W M J A A S R L C
D N J O L D C W E V M U D
E N M K B E Q I T J E X P
R T M T L Z N M Z R L D D

2 Timothy 1:10

E G S G D Y B Z N R I N Y Z
I F N W W W Y D G L Z V B K
J M I I E N X B L J Y T N Z
E P M L R N M U R W J T K T
S O X O N A M N O O R T N T
U W D N R I E N I O K W A Y
S E G E N T C P I A Z E L L
Z R J A A H A V P M L Z D R
L M T N R T A L Y A N P N M
W E N I G S H D I E D A M G
O B S G O O D R B T T V J T
D T R B K Y T T K Z Y T T K

Titus 2:11-13

```
M A N I F E S T A T I O N B
G Y Y J L N S Y N G L O R Y
Q T L I M A L O J T I A W R
D A V D V N I D R D G P R Q
B E P I L T B A E P O H V K
C L O P A R I T H G I R P U
H R E V E N O G W Y N V Q B
R W L S I A R W L S U S E J
I A Y N S A R D V D V L T T
S J G T C E O E R P D J Y K
T B Y E B G D Y D Q D Q L P
```

Titus 3:6-8

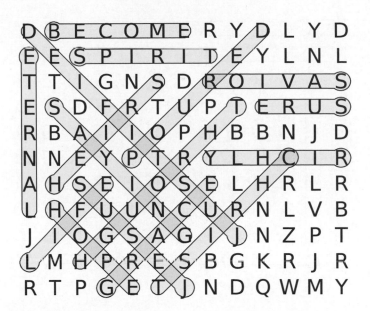

```
D B E C O M E R Y D L Y D
E E S P I R I T E Y L N L
T T I G N S D R O I V A S
E S D F R T U P T E R U S
R B A I I O P H B B N J D
N E Y P T R Y L H C I R
A H S E I O S E L H R L R
L H F U U N C U R N L V B
J I O G S A G I I N Z P T
L M H P R E S B G K R R
R T P G E T N D Q W M Y
```

Hebrews 3:5-6

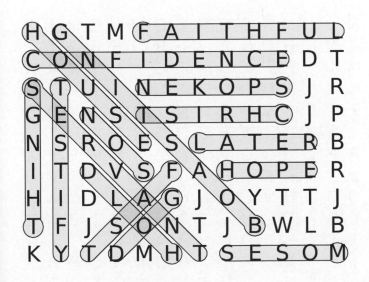

```
H G T M F A I T H F U L
C O N F I D E N C E D T
S T U I N E K O P S J R
G E N S T S I R H C J P
N S R O E S L A T E R B
I T D V S F A H O P E R
H I D L A G J O Y T T J
T I F J S O N T J B W L B
K Y T D M H T S E S O M
```

Hebrews 4:14-15

```
E H E A V E N F A I T H
M Q Z S L T Q T M P N V
P T S M S D S Y X I T D
A D A E M E V E S B E Q
T M L E S T F O I D D Q
H E L Q R S N O N R J W
I H M J I G E E R Y P R
Z G D P Y E C N L P V P
E I O L T S S M K L N D
Q H G B A E R U J A T J
L M L R Z I D Z S B E M
V G Q W F L L N B D D W
```

Hebrews 5:9-10

```
D N O I T A V L A S G R V
M E L C H I Z E D E K M Z
T B S R G J H E W S N Z P
C E E I V N T I O R D T Q
E C D Q G E I U G T N G D
F A A O R N R E S H K G W
R M M N B C A E B P X Y M
E E A G E E I T R E D R O
P L G D O R Y M E B M B Y
L Q J Y P D N R V D Z W V
```

Hebrews 6:11

```
N M G K H K T L V E X Z Z
V I G Q O O Q I X D L M B Q
M X A Y P F Y G W L Q O W
Q A J T E M N T A E R G C
T D K T R I K L P M J S X
P J D E V E A R E U R T Z
E T B O N S C L E E L D L
E R L D T L B W H D Y R R
K J I S T R M T V T R D J
Y G R S B L O N G Q L O N
X R M K E W Y P T T Z Y T
N N K P B D Y L B M M W B
```

Hebrews 6:17-18

```
E E D B Z G E L O F T D E
S P L Y M P N H M K A N N
I U O B O M A O D Q C S M
M R H H A R R E R O K F T
O P M E A E R L U T L M R
R O M C G I G R L E S X X
P S T L S U A N D M K Z R
S E J E T G F N A W R Y M
R K D M E L Y E T H O N R
I P B M B R W T R A C D K
E Z E S H O W T T V L N M
H N D Z B Q Y H Q M N N U
T G Y V M M V X L K Y N T
```

Hebrews 6:19-20

```
N L J K X S U R B G M X Q M J Z
A N C H O R E V E R O F R H T J
M J J H F T B P T D Y N I X R W
K X R M O O M Z G M D G J K T P
Z T B S V P R O N I H E B K B S
L S H R I N E E D G R T E D T M
R P L E N Q V J R E B D E P X V
L X R T K I E J N U E M A J V Q
Q D D N V S A N M Z N D L Q R Z
L G E U N I T I M F N J S Z Z
T Y T S R D N H R A M R E D Z Q
J S T X Q X C J S U D N U B Y
L P E T J L M T N V C O T T T
J T D I E X R M G J S G G N D Q
R U R M W L J N Z K Z G M Y
B Q B B T P Y N G Z Z D P G V W Y
```

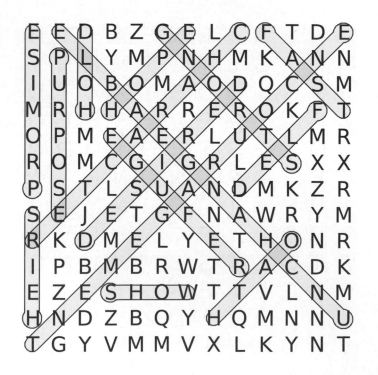

188   Peace of Mind Bible Word Search

Hebrews 7:18-19

```
G J D E C U D O R T N I I
I T N E M D N A M M O C O Y
R N X D M H H S D B X R
E E O P O A S A N J K N
T G M P E E S E N W L M
T W E R N R A I L D X N
E A A K O R F D D D R D
B B L A R Z F N E D E Q B
N E V T D B Z Q C Q D X
W P R J G D N D J T L R
```

Hebrews 10:23-25

```
G N I H C A O R P P A J R
E M Q N D Y P L O V E Y Q
D N H D L R G R X B L N M
E L C O E J A Z O G R E D
E L Y O P S Z W N F E N V
D Q U D U E I I O T E N J
S H G F J R V M I T J S A
Q X O W H R A N O V M N S
V Y O L E T G G M R O G R
L L D W D J I M I T P U Y
Y T S P T Y P A H N P K P
J N X R M G K E F S G D J
U P B L R Q B P Q M J R
```

Hebrews 10:35-36

```
R W T N E I T A P E G
E R L N L S T H C J D
B L E O E T G N R B R
M P R C R D A N E O D
E D R U E R I U I R W
M R S O U I N F A R G
E T L D M I V W N R B
R A N L T I E E E O N
R E W N I R S A B E C
Z L O A Y W T E E V M
D C N P Y T W D D B R
```

Hebrews 11:1-3

```
N C R E A T E D G R M N
E O U N I V E R S E M Q
C F I R J S D V L C N U
N A J T E Y I E O N N Z
A I T E A S J N P D M R
R T N V I D V J E O N L
U H N B M I N R L J H Z
R T L M C J S E D Y Y B
S E T T M T W D M R M X
A J I V A X O T W M O X
D O L N D G L R B B V O W
N Z D P E K V T T M W C
```

Hebrews 12:1-2

James 5:7-8

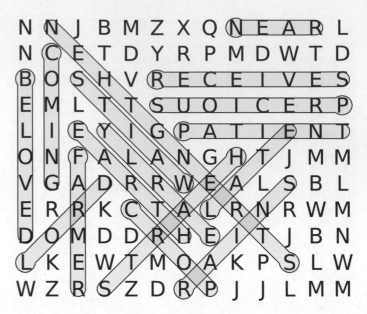

1 Peter 1:3-6

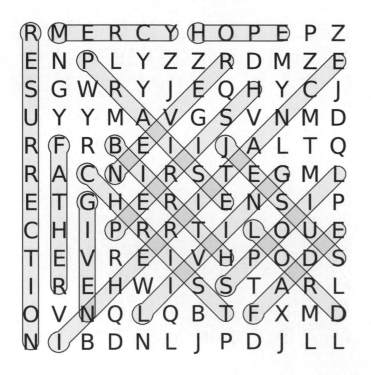

1 Peter 1:13

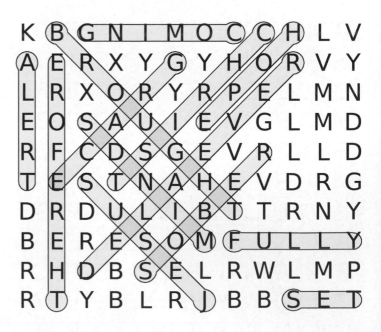

1 Peter 1:18-19

```
S R O T S E C N A T J
D P H P S T F G R P K
E R T S P I O I E P Y
M E H P I L L R L Y D
E C I E D M I V X D T
E I N L M S E T E C R
D O G D H P S L E R W
E U S A O I T F B O L
R S B G R O E Y N A M
L L N H R D L K M B N
E X C R Z P R B W Y K
```

1 Peter 1:20-21

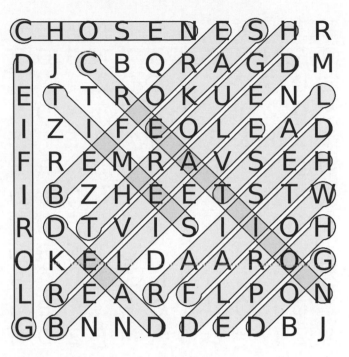

```
C H O S E N E S H R
D J C B Q R A G D M
E T T R O K U E N L
I Z I F E O L E A D
F I R E M R A V S E H
I B Z H E E T S T W
R D T V I S I I O H
O K E L D A A R O G
L R E A R F L P O N
G B N N D D E D B J
```

1 Peter 1:23

```
N R D G C O M E S
E G E B N D D Q B
L T O V R I U N M
G R E O E I V N E
N O W R C R I I L
L T D K N A O A L
I W L J G A S F G
F Y G A L T L J B
E W E N T L W L M
```

1 Peter 3:14b-15

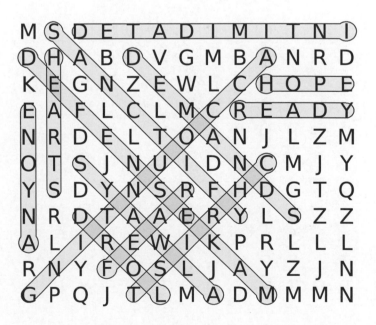

```
M S D E T A D I M I T N I
D H A B D V G M B A N R D
K E G N Z E W L C H O P E
E A F L C L M C R E A D Y
N R D E L T O A N J L Z M
O T S J N U I D N C M J Y
Y S D Y N S R F H D G T Q
N R D T A A E R Y L S Z Z
A L I R E W I K P R L L L
R N Y F O S L J A Y Z M N
G P Q J T L M A D M M M N
```

1 Peter 5:10

```
E T E R N A L P N W Z N
R S U P P O R T N R O R
E Q S Z K K C D G I Y R
S Q Z T Y I E H T Y D X
T X L K R R N A R E P Y
O S Y I E E D D L I R Y
R R H F T N N L N O S Q
E J F A U T A G L E R T
J U E O R C L G T E S M
S Y F S D E M E T H R S
Y D R O U J Q F N I E G
L Z G Y D S A M F Z D N
```

2 Peter 1:10-11

```
Q N D N J M S M O D G N I K N J
B D N N N G R R B S L D W M D M
D D L T Z D S B E K A P M I T E
V X B V G G B T R V L W T Q
C P J G E K D L E A S I I E G R
N A N V T N J B C H G I R O N
E V L B V G T T E E T N S N B Q
L C Z L Y N I R N L A O W R C
N R I R I C D T A L B P R R R
J I E O E N B K G N W M R B B T
K T A V H L G Q Q C M U Y G Y
X J G T E C T H V T W E N T T
D E R B R N R O R X Z V T S Q
X S T Y J E R R Y B I L M Z K D
Z U Y D W R C D Z Y S K Q T G
Z S D G K T Y J T T V J T W L G
```

2 Peter 3:17-18

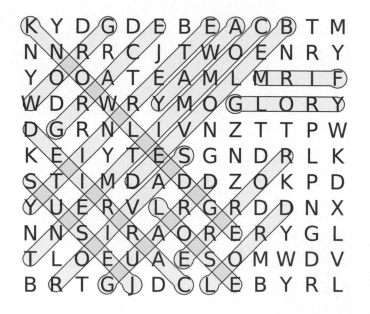

```
K Y D G D E B E A C B T M
N N R R C J T W O E N R Y
Y O O A T E A M L M R I F
W D R W R Y M O G L O R Y
D G R N L I V N Z T T P W
K E I Y T E S G N D R L K
S T I M D A D D Z O K P D
Y U E R V L R G R D D N X
N N S I R A O R E R Y G L
T L O E U A E S O M W D V
B R T G J D C L E B Y R L
```

1 John 1:1b-2

```
L K N L E B J J J P D L T L
P D Y F I T S E T T X I V
F J E D L M E M W P F D Z
L A D L N E T R M E R Y
G Y T D A T S I N O Q Q L
H M P H Q E A T W A M L J
T R B M E L V Z I W L Y G
I V N R C R N E O T Y T N
W Y N O B E Y N R L L T R
M W R Z E E Y Q R Q M V B
D P W S N V L M Q K Y T Q
B B D O X R J Q Q R L X G
```

1 John 2:1

```
W C P Q Q N E L S P J Z Y
G W H R F L Y U N M R R G
N T W I T A O V Y D L T V
I N D T L E T A C O V D A
T I J I T T D E H T R B R N
I L E H H N R T E R T V Z
R S G S O I S E T R J N J
W I E Y U I N H N W N Z M
R T N O R S E G A I Y R B
L A K H D S W M S V Q Q L
Y R C N E J T G R M E G P
```

1 John 2:24-25

```
E E W R S G E K B L Y
H T T S O E F K E Y N B
T E N I I H G D L T B
E R T D L M I T M J R N
R N A M I N O H A B L B
N A H N N B E R T F L X
A L W I E A A D P B Q Q
L Y N R R H D R A L E T
G J D R R T Y M M W W
```

1 John 3:2-3

```
P U R E Z D Y X T M M
J K N B T J M Q Q L L
T H E M S E L V E S B
Z E R Q S I R H G Y M
F D D B K R O A C J Y
R A L E B P A H L F Q
I M I R E N R E I L N
E G H T W I W R P E Q
N O C O S H U S H P R
D N T A P Q W E L A
S K V T N R Z T J E L
```

1 John 4:9-10

```
T Y V S D G V L T D B M Q
H E D W A K P Y T R M O T
R V V T B C S L J R N M D
O O J T L G R H D E R J J
U L M X L D T I O N N R T
G A T O N I N G F W N N N
H D G W A K D P M I E T B
L Q L M K E Q B D S C D D
J R O R V D Y N T D S E P
D N G I O Y L N O N Q N V
G J L G X W D P I S M Q T
L L V R T G G S K W K Q T
```

1 John 4:13-16a

```
F T L N D L B M K J G M Z N
W A Y O F O T M S A V I O R
O K T S L V N E V I G E N S J
R B M H J E E G O D N U M Z
L T R B E S T I N G S M O X
D Y D Y B P T L E N O Z X
V Z R L Z F B I J E N E R N
D D T P X B I W R F B N E Z
A Y R T L T O T E I J J D S
M B M L L N L S S B T V T P
Z Z I Y K Y S J X E V D R M
G B T D Y T V L V G T M M M
N G Q V E M R Y M N R W B D
```

1 John 5:4-5

1 John 5:10-12

```
T D Q M D L K D B R Y K W
Y R N W Q T P E B G T B P
N B J G N E L S T R A E H
O G T O N I S D X T N R N
M R S M E I M O T L K M E
I G W V G E N Z H T I T D
T E H D I L R M T E F M
S V T A O I V B E R V W E
E Y M M A E Z E N C G O D
T B Z R J V A N R N G D
J X B M L J L E R B R O V
L Y W T Q Q M P R M Z B C
```

1 John 5:13-14

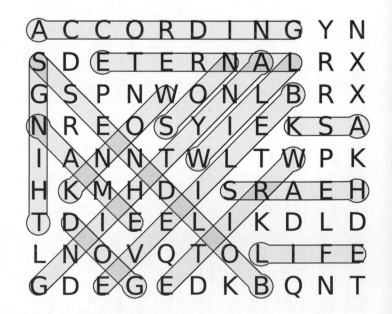

1 John 5:19-20

```
G L I E S L N T D D L R N
J N Q B K V R Y X R R J P
J B I Q N E R J Z T P Q L
W X J D W N E R D L I H C
H L Q O N R C Q Y E V Y L
O L P W E A Y O Q N U I N
L J T D O Z T L M W V R B
E R N L N R A S O E S V T
T U M E L N L N R Y O T J
R D V G R I K D J E N Y T
L I O E P Y F D R V D X B
G N T G Q L X B Z Q Y N G
B E P T W R R V T X L Z U
```

Jude 20-21

```
N Z R V L B T T Y B D J Y
K R D L J R L I S Y Q Y B
Z E X X L O R D A A W D L
J W T C H R I S T W F T B
Q O Z D D K T G D R A E D
P E P F L E D N S Y L M Y S
L T D A Y A D Y M R I P V
I Q E L I N B O C P I U V
F Z O R E T J T T R R D B
E H Q I N E H G I H E A M
V D R B S A J T Y J E M Y
O F L U L B L V J T P R Y
L M S P X Y L M R Z D D M
```

Jude 24-25

```
S A V I O R R Y J R Z B W
Q J P S T U M B L I N G X
K Y M R L N N G Y R O L G
P B M O E W O T R D M Y Z
Z R R A G S I I D E B X T
R D O Q J R E N N L A K L
T E V T O E Y N A I Z T Y
T T V H E T S M C X M O B
S S T E L C E T S E J O D
T U I J R L T U Y Q X D D
A G T R E O S B J R W L N
N L Q S H E F M D G V R M
D V S N J C J N J R T D W
```

Revelation 1:16b-17

```
E T F N T R T X T T Y R
C H X E J E D N H T P J
N G S D L E E O F A C E
A I I B H C L U F N U S D
I R M A I G R N K G R J
L D L V H N F D Z Y L M
L I P I M W I I D E A D W
I A N A R A T N D T N D
R M L S R S S G G Q X Z
B D T L A F H A N D G L
G M T L T M A N G L M Y
```

Revelation 3:11-12

```
G M X H E G R L S V Y
S X E M O N N N G S Z
J U A L W L E I R R W
E N O O A Z D A M N R
L R R I I S L N O O S
P C W T R L U N W R C
M E I X I O E R E O L
E C T P Y V T V E E D
T T D I A T E C A J D
Q O L E R N I V I Q R
G X H X M W E C J V N
```

Revelation 17:14

```
B K Q G A C T F N M W V
X E N Z A G A R H R W W
F I C L R I A P R A J G
K O L A T P M I G J N D
R E L H U U N E N X W M
D A F L I S C Q B S X R
L U W R O H E P W I T H
L B T T O W D R O L O T
B Y M S V T E R R V M N
L N E A W L R R E L L K
Y N Q Z L V M R S V R Q
```

Revelation 21:5a, 6

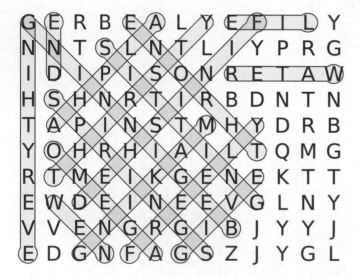

```
G E R B E A L Y E F I L Y
N N T S L N T L I Y P R G
I D I P I S O N R E T A W
H S H N R T I R B D N T N
T A P I N S T M H Y D R B
Y O H R H I A I L T Q M G
R T M E I K G E N E K T T
E W D E I N E E V G L N Y
V E N G R G I B J Y Y J
E D G N F A G S Z J Y G L
```